Wegweiser

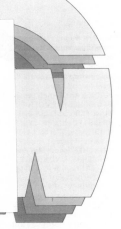

Second stage German
A BBC Radio course
to follow **Kontakte**

BOOK TWO: PROGRAMMES 11–20

Language Teaching Adviser:
ANTONY PECK, Language Materials
Development Unit, University of York

German Language Adviser
and Wissenswertes:
CORINNA SCHNABEL

Exercises:
IRIS SPRANKLING

Producer:
RODNEY MANTLE

British Broadcasting Corporation

PROGRAMMES 11–20

First broadcast
January–March 1976

An LP record and a tape cassette containing identical
material accompany this book and can be obtained through
booksellers or direct from BBC Publications, P.O. Box 234,
London SE1 3TH

*Acknowledgment is due to the following for permission to
reproduce photographs:*
JÜRGEN ANDERSEN pages 66, 67, 68 and 78; ARCHIV
BADISCHER FREMDENVERKEHRSVERBAND page 35;
BUNDESBILDSTELLE BONN page 44 centre; CAMERA
PRESS LTD (NO/PR) page 32; DEUTSCHE UNILEVER
GMBH pages 52 & 53; I. EISENBLÄTTER page 54;
G. ENGLET page 31 (top); FREMDENVERKEHRSAMT
MÜNCHEN (photo Max Prugger) page 6; FREMDEN-
VERKEHRS- UND KONGRESS-ZENTRALE HAMBURG
pages 21 (top) & 22; FREMDENVERKEHRSVERBAND
LÜNEBURGER HEIDE page 44 (top), FREMDEN-
VERKEHRSVERBAND OSTBAYERN page 29;
INTERNATIONES page 39; KLAUS J. KALLABIS page 61;
LANDESBILDSTELLE RHEINLAND page 20;
LANDESVERKEHRSVERBAND HESSEN page 5;
LANDESVERKEHRSVERBAND WÜRTTEMBERG (Foto
Schäfer) page 44 (bottom); RODNEY MANTLE pages 7,
12 (bottom), 13, 14, 45, 60, 73 & 74 (top); H. MURPHY
page 31 (bottom); IRIS SPRANKLING page 40;
URSULA STRASS page 12 (top); STUDIO MÜLLER
page 38; JOCHEN TSCHÖRTNER page 46; WERKSTÄTTE
LICHTE-PFANNKUCH page 75; PETER WUTSDORFF
page 23; MECHTHILDE ZIEGER page 21 (top).

Acknowledgment is also due to:
GEBIETSGEMEINSCHAFT NÖRDLICHER
SCHWARZWALD for diagram of Schwarzwald
Bäderstrasse and symbol on page 37; GLOBUS-
KARTENDIENST for graphs on pages 19 and 36; recipe on
page 41 from the private collection of HANS-JOACHIM
GÖTTSCH and GERHARD LELLAU, Hamburg; INSTITUT
HILDEBRANDT for computer dating advertisement on
page 51; DER SPIEGEL for graphs Löhne and Streik on
page 58; DIE ZEIT for contents list on page 63 and cartoon
on page 65.

Published to accompany a series of programmes
prepared in consultation with the BBC Continuing
Education Advisory Council.

© The Authors and the British Broadcasting
Corporation 1976 First published 1976
Reprinted 1978, 1980, 1981, 1983
Published by the British Broadcasting Corporation
35 Marylebone High Street,
London W1 M 4AA

This book is set in 'Monophoto' 9/11 pt Univers 689

Printed in England by Jolly & Barber Ltd, Rugby
ISBN: 0 563 10978 5

Contents

Introduction

Wegweiser is a follow-up course to *Kontakte* and the second stage of a three-year cycle of German courses for adults. The series is based on dialogues and interviews recorded with ordinary German people talking about a variety of everyday topics. The interviews for *Wegweiser* 2 were recorded mainly in Hamburg, but you will also hear people from other towns in Germany.

The second part of *Wegweiser* teaches you how to exchange information and opinions about how you live, the people you know and the newspapers you read, how to talk about things you've done and what you are going to do. The people you will hear in the programmes speak with their own individual accents and styles and give their own personal views.

The Programmes　During the broadcasts you will hear the recorded interviews. Points of difficulty will be explained and you will be given plenty of opportunity to practise the language you have heard. Apart from programme 15, each broadcast will also contain a somewhat longer interview *(Hören und Verstehen)*. Don't be concerned if you do not understand every word, the *Hören und Verstehen* is for comprehension only and for your enjoyment.

The Book　Each chapter starts with the interviews which contain the key structures and expressions you will need to be able to speak and understand. Under each interview are printed any difficult phrases with translations. Next comes the *Hören und Verstehen* interview. The short introduction in German is designed to help your understanding. The *Überblick* summarises the language points presented in each chapter and the *Übungen* provide an opportunity for you to practise what you have learned. *Wissenswertes*, the final section of each chapter, gives more information on aspects of life in Germany arising from the interviews. In Book 2 this is for the first time in German.

The *Glossary* at the back of the book contains all the essential vocabulary from the teaching interviews and the *Übungen*. For *Wissenswertes* key phrases and vocabulary are translated at the end of each passage. The *Hören und Verstehen* passages have a separate key at the back of the book.

The Record and the Cassette　The LP record and the cassette contain identical material: a selection of the teaching interviews (those marked with an asterisk) and all the *Hören und Verstehen* texts printed in Book 2.

How to use the course　There is no one way to learn a foreign language, but here is one suggestion. You could prepare for the broadcast beforehand by listening to the record or cassette and/or reading through the interviews in the book. After the broadcast you could then reread the interviews and work through the *Überblick* and exercises. If you know someone else doing *Wegweiser*, you could do them together. If possible, try to finish by listening to the repeat broadcast.

Taking things further　A BBC Radio course has been made to follow *Wegweiser*: a third-stage German course, *Kein Problem*.

11 Aus welchem Teil Deutschlands kommen Sie?

Talking about where you live

1*

Frau Ursula Praßer kommt aus Köln

Michael	Frau Praßer, aus welchem Teil Deutschlands kommen Sie eigentlich?
Frau Praßer	Ich komme aus Westdeutschland, aus Köln.
Michael	Wieviele Einwohner hat Köln eigentlich?
Frau Praßer	Jetzt etwas über eine Million, nachdem alle Vororte eingemeindet worden sind. Vorher waren es um achthunderttausend. Und wir sind sehr stolz darauf—jetzt sind wir eine der wenigen Millionenstädte in Deutschland.
Michael	Ist Köln eine Industriestadt?
Frau Praßer	Ja. Wir haben Raffinerien, wir haben die *Ford*-Werke, wir haben in Kalk, eine chemische Fabrik.
Michael	Und wie ist die Landschaft um Köln herum?
Frau Praßer	Es ist wunderschön. Sie brauchen nur ein wenig herauszufahren, und schon sind Sie im Grünen.
Michael	Was machen Sie denn so in Ihrer Freizeit?
Frau Praßer	Wir haben verschiedene Museen. Wir haben einen Botanischen Garten. Wir haben eine Menge Schwimmbäder. Am liebsten gehe ich in den Zoo—wir haben einen wunderschönen, großen Zoo mit einem riesengroßen Affengehege, und es macht viel Spaß, dort die Affen zu beobachten, vor allen Dingen die Gorillababies.

jetzt . . . nachdem alle Vororte eingemeindet worden sind	now that all the suburbs have been incorporated
stolz darauf	proud of it
eine der wenigen	one of the few
Sie brauchen nur ein wenig herauszufahren	you only have to drive out a little way
im Grünen	in the countryside

2*

Herr Manfred Terwey ist Frankfurter

Liane	Herr Terwey, woher kommen Sie?
Herr Terwey	Ich komme aus Frankfurt.
Liane	Wie groß ist Frankfurt?
Herr Terwey	Frankfurt hat im Augenblick zirka sechshundertfünfzigtausend Einwohner.
Liane	Leben Sie gerne in Frankfurt?
Herr Terwey	Ja, sehr gerne. Frankfurt liegt sehr zentral. Innerhalb von drei Stunden sind Sie in jedem Ort Deutschlands. Innerhalb von dreißig Minuten sind Sie mitten im Taunus, einem schönen, sehr schönen waldreichen Hügelgebiet um Frankfurt herum, oder innerhalb von zwanzig Minuten können Sie zu

Im Taunus

	einem der vielen Baggerseen fahren, um dort zu baden.
Liane	Gibt es auch Industrie in Frankfurt?
Herr Terwey	Ja, zum Beispiel ein großer deutscher Chemie-Konzern hat sein Zentralwerk in Frankfurt-Höchst. Sie finden aber auch zum Beispiel die Zentrale des deutschen Buchhandels in Frankfurt selber.

zu einem der vielen Baggerseen	to one of the many artifical lakes
um dort zu baden	to go for a swim there
des deutschen Buchhandels	of the German book-trade

3*

Herr Hilmar Eßer wohnt in München

München

Michael	Herr Eßer, wo kommen Sie her?
Herr Eßer	Ich bin zwischen Düsseldorf und Köln geboren. Die kleine Stadt heißt Hilden. Jetzt wohne ich aber in München. München ist eine Großstadt. Es hat etwas mehr als eine Million Einwohner, aber es hat den Charakter einer Kleinstadt.
Michael	Gibt es in München Industrie?
Herr Eßer	In München gibt es sehr viel Industrie. Die Industrie ist in einigen Stadtteilen, besonders dem Westen und dem Norden, konzentriert.
Michael	Und wie ist die Umgebung von München?
Herr Eßer	Die Umgebung von München ist wunderschön. In einer knappen Stunde ist man mit dem Auto oder mit dem Zug mitten in der schönsten Landschaft im Voralpenland. Ganz in der Nähe von München gibt es zwei große Seen, der eine ist der Starnberger See, der andere ist der Ammersee. Dort kann man sehr gut segeln.
Michael	Wohnen Sie gern in München?
Herr Eßer	Ich wohne sehr gerne in München. Es gibt in München sehr viele Theater, sehr viele Opern- und Operettenaufführungen, sehr viele Kunstausstellungen. Man kann überhaupt sehr viel in München tun, und das gefällt mir.

| der eine ... der andere | one ... the other |

4

Herr Erhard Hoffmann wohnt in Hamburg

Michael	Herr Hoffmann, aus welchem Teil Deutschlands kommen Sie?
Herr Hoffmann	Ich bin in einer kleinen Stadt in Niedersachsen geboren, lebe aber seit vielen Jahren, mehr als zehn Jahren schon, in Hamburg.
Michael	Aber Ihre Geburtsstadt ...?
Herr Hoffmann	Das ist Bückeburg, ja. Das ist eine sehr kleine Stadt, die liegt am Südrande der Norddeutschen Tiefebene, also dort, wo das Deutsche Mittelgebirge beginnt. Man nennt diese Stadt deshalb auch 'das Tor zum Weserbergland'. Bückeburg ist eine sehr schöne Stadt. Aus diesem Grunde kommen viele Touristen dorthin.
Michael	Es kommen aber auch viele Touristen nach Hamburg, nicht?
Herr Hoffmann	Selbstverständlich. Hamburg ist ja viel bekannter als Bückeburg und man nennt Hamburg, vielleicht werden Sie das wissen, 'das Tor zur Welt'

Michael	Was ist Hamburg für eine Stadt?
Herr Hoffmann	Oh, Hamburg ist eine, ich meine, eine sehr bekannte Stadt, eine sehr große Stadt. Es ist eine sehr schöne Stadt, und ich lebe sehr gerne dort.

am Südrande der Nord- deutschen Tiefebene	on the southern edge of the North German Plain
das Tor zum/zur	gateway to
vielleicht werden Sie das wissen	as you may know

Hören und Verstehen

Bei Frau Helga Haas in der Hamburger Verkehrszentrale: Hamburg ist die größte Hafenstadt Deutschlands. Sie hat den Status eines Bundeslandes. Hamburg ist eine Stadt für

Frau Haas  Touristen—mit vielen Museen, Parks und einem See im Stadtzentrum. Hamburg ist eine große Industriestadt und ein wichtiges Pressezentrum. Und: Hamburg hat viel Geld. Frau Haas wohnt gern hier, aber nicht in der Innenstadt!

Jürgen	Frau Haas, was für eine Stadt ist Hamburg?
Frau Haas	Hamburg ist eine sehr große Stadt. Es ist die zweitgrößte Stadt in Deutschland. Es ist ein Stadtstaat, das heißt, nicht nur eine Stadt, sondern auch ein Land der Bundesrepublik. Hamburg ist nicht nur eine bekannte Hafenstadt, sondern auch eine wunderschöne alte Hansestadt und liegt an der Elbe. Besonders stolz sind wir auf die Alster—das ist ein See mitten in der Stadt—und auf die vielen Parks. Bäume sind sehr wichtig in Hamburg. Ohne Erlaubnis darf man nicht mal in seinem eigenen Garten einen Baum abschlagen.
Jürgen	Frau Haas, was muß man unbedingt in Hamburg sehen?
Frau Haas	Oh, den Hafen, die Alster, die vielen Museen und die St. Michaeliskirche—in Hamburg nennen wir sie den Michel.
Jürgen	Und was kann man so machen in Hamburg?
Frau Haas	Eine wunderschöne Alsterrundfahrt, eine Hafenfahrt, man kann nach *Planten un Blomen** gehen, das ist ein herrlicher Park, und wunderbare Spielplätze für Kinder gibt es da. Man kann auf den Fernsehturm gehen, wo es ein drehbares Restaurant gibt.
Jürgen	Ist Hamburg eine Industriestadt?
Frau Haas	Hamburg ist die zweitgrößte Industriestadt in Deutschland.
Jürgen	Welche Industrien sind hier in Hamburg vertreten?
Frau Haas	Hauptsächlich Schiffbau, Zigarettenindustrie—zum Beispiel kommt jede dritte Zigarette, die in Deutschland geraucht wird, aus Hamburg—Elektroindustrie und chemische Industrie. Dann sind wir natürlich auch die größte Pressestadt Deutschlands.
Jürgen	Könnte man sagen, daß Hamburg eine reiche Stadt ist?
Frau Haas	Ja, unbedingt! Hamburg ist eine sehr reiche Stadt. Man sagt, es ist die reichste im EWG-Raum.

*Local dialect—standard German would be *Pflanzen und Blumen*

For the Key to *Hören und Verstehen* see page 80

7

Jürgen	Frau Haas, wohnen Sie gern in einer Großstadt wie Hamburg?
Frau Haas	In Hamburg, ja.
Jürgen	Möchten Sie vielleicht lieber auf dem Land leben?
Frau Haas	Ich wohne sogar auf dem Lande, kann aber in einer halben Stunde nach Hamburg hereinkommen, und das ist eine ideale Lösung.

Überblick

Woher kommen Sie?
Wo kommen Sie her?

Köln
Frankfurt

Aus welchem Teil	**Deutschlands Englands**	**kommen Sie?**	Ich	komme aus wohne lebe	in	Nordwales Süddeutschland Westschottland Ostengland

Ich bin in	Bückeburg Hilden	geboren,	lebe wohne	aber jetzt in	Hamburg München

Wohnen and *leben* are often interchangeable, but *wohnen* is mostly used in the sense of 'to reside', e.g. Ich wohne in der Brahms-Allee.

Wieviele Einwohner hat	**Köln? München?**	Köln München	hat	über mehr als zirka ungefähr	eine Million Einwohner

With numbers German uses the comma and the full stop in exactly the opposite way to English:

675.000 = sechshundertfünfundsiebzigtausend   1,5 = eins Komma fünf

Was für eine Stadt ist Hamburg?
Was ist Hamburg für eine Stadt?

Hamburg ist eine | sehr große Stadt, Industriestadt, Großstadt, Millionenstadt, Hafenstadt

Hamburg nennt man 'das Tor zur Welt'

Wo liegt Frankfurt?

Frankfurt liegt | am Main, in Hessen, sehr zentral, nicht weit vom Taunus

Was für Industrie gibt es in ...?
Was gibt es in ... für Industrie?

Es gibt ... hat Wir haben | die *Ford*-Werke, Raffinerien, Elektroindustrie, eine chemische Fabrik, Schiffbau

Wie ist	**die Landschaft um Köln herum?** **die Umgebung von München?**	Es Sie	ist	flach hügelig bewaldet waldreich wunderschön

In	dreißig Minuten einer knappen Stunde	sind Sie ist man	im Grünen mitten im Taunus in der schönsten Landschaft

For a detailed map of West Germany see page 11.

Übungen

1 Partnerstädte. Read this conversation aloud:

Jürgen
Wo liegt Hamburg genau?
Was für eine Stadt ist Hamburg?
Wieviele Einwohner hat Hamburg?
Was für Industrie gibt es in Hamburg?

Wie ist die Landschaft um Hamburg herum?

Frau Haas
Hamburg liegt in Norddeutschland, an der Elbe.
Es ist eine große Hafenstadt.
Hamburg hat 1,8 Millionen Einwohner.
Es gibt z.B. Schiffbau, Zigarettenindustrie, Elektroindustrie und chemische Industrie.
Im Norden ist sie hügelig und bewaldet, und im Süden liegt die Lüneburger Heide.

Now work out similar conversations between people from these twin towns meeting each other for the first time.

München Einw. 1.300.000
Landeshauptstadt von Bayern
Lage: im Alpenvorland
Industrie: sehr viel, z.B. Elektroindustrie und chemische Industrie
Umgebung: hügelig mit vielen Wäldern und Seen

Edinburg Einw. 475.000
Hauptstadt von Schottland
Lage: im Südosten Schottlands
Industrie: nicht viel – Verwaltungsstadt für Schottland
Umgebung: Fluß- und Gebirgslandschaft

Münster Einw. 260.000
Verwaltungsstadt für Westfalen
Lage: in Nordrhein-Westfalen
Industrie: sehr wenig, es gibt aber viele Großhandelsunternehmen
Umgebung: flach und bewaldet

York Einw. 103.800
Historische Stadt mit einer neuen Universität
Lage: auf halbem Wege zwischen London und Edinburg
Industrie: Süßwarenindustrie und Lokomotivbau
Umgebung: York liegt in einem großen flachen Tal

Göttingen Einw. 122.500
Universitätsstadt mit vielen alten Fachwerkhäusern
Lage: 100 km südlich von Hannover
Industrie: z.B. optische Industrie und ein Aluminiumwerk
Umgebung: hügelig und bewaldet

Cheltenham Einw. 87.000
'Das Tor zu den Cotswolds'
Lage: 70 km nordöstlich von Bristol
Industrie: nur Leichtindustrie z.B. Meßgeräte
Umgebung: hügelig mit vielen Flüssen

Iserlohn Einw. 100.000
Mittelgroße Industriestadt
Lage: 100 km nordöstlich von Köln
Industrie: Kleineisenindustrie, z.B. Nadeln
Umgebung: Gebirgslandschaft mit viel Wald

Wrexham Einw. 106.000
Alte Stadt mit vielen neuen Industrien
Lage: an der walisisch-englischen Grenze
Industrie: sehr viel, z.B. Stahlproduktion
Umgebung: Wrexham liegt am Rand der Berge

2 Wieviele Einwohner hat . . . ?

Say aloud the number of inhabitants each town has, e.g. **Bonn hat zweihundertsiebenundachtzigtausend Einwohner** – and then check on p. 83.

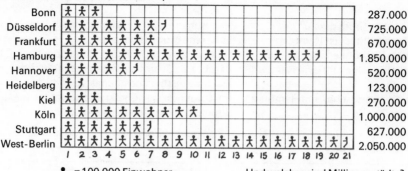

Bonn			287.000
Düsseldorf			725.000
Frankfurt			670.000
Hamburg			1.850.000
Hannover			520.000
Heidelberg			123.000
Kiel			270.000
Köln			1.000.000
Stuttgart			627.000
West-Berlin			2.050.000

= 100.000 Einwohner   Und welches sind Millionenstädte?

3 Was für eine Stadt ist . . . ?

a All the towns on this map have been mentioned in this chapter. Which of the statements
below belong in which box?

A   Es ist eine große Hafenstadt.

B   Es hat etwas über eine Million
Einwohner.

C   Es liegt an der Elbe.

D   Es ist die Landeshauptstadt
von Bayern.

E   Es hat z.B. optische Industrie
und ein Aluminiumwerk.

F   Es ist die Verwaltungsstadt
für Westfalen.

G   Es ist eine kleine Stadt zwischen
Düsseldorf und Köln.

H   In einer knappen Stunde ist man
mitten im Voralpenland.

I   Es ist die größte Pressestadt
Deutschlands.

J   Es ist eine Großstadt am Main.

K   Es ist eine mittelgroße Industriestadt.

L   Ganz in der Nähe sind der Starnberger
See und der Ammersee.

M   Es gibt dort sehr viele Großhandelsunternehmen.

N   Es ist eine sehr kleine Stadt. Man
nennt sie das 'Tor zum Weserbergland'.

O   Es ist ein Stadtstaat.

P   Es ist eine Universitätsstadt und liegt
südlich von Hannover.

Q   Es gibt hier viel Industrie, besonders
im Westen und im Norden der Stadt.

R   Von hier aus kann man schnell in den
Taunus kommen.

S   Es liegt ungefähr 100 km nordöstlich
von Köln.

T   Es hat z.B. Raffinerien, die *Ford*-
Werke und eine chemische Fabrik.

U   Man nennt es das 'Tor zur Welt'.

b Now make up as many statements like this as you can about your own home town and/or
about any town you have visited in Germany.

This map is designed mainly to help you locate the places mentioned in *Wegweiser* 2. The size of the names is no indication of the size of the towns.

12 Wie ist Ihr Wohnzimmer eingerichtet?

Describing your home

1
Fräulein Ursula Strass wohnt mit ihren Eltern in einem Einfamilienhaus

Liane	Fräulein Strass, wo wohnen Sie?
Frl. Strass	Ich wohne in einem kleinen Dorf in der Nähe Hannovers.
Liane	Wie wohnen Sie dort?
Frl. Strass	Ich wohne mit meinen Eltern in einem Einfamilienhaus.
Liane	Und wie groß ist das Haus?
Frl. Strass	Das Haus hat etwa acht Zimmer, es sind zwei Wohnzimmer, drei Schlafzimmer, ein großer Flur, eine Küche, zwei Badezimmer, ein sehr großer Keller, und um das Haus ist ein Garten.†

Bei Familie Strass

Liane	Wie sieht der Garten aus?
Frl. Strass	In der Mitte ist eine Rasenfläche, drum herum Bäume und Büsche, und in der Mitte der Rasenfläche ist ein Fischteich.
Liane	In welchem Raum des Hauses verbringen Sie die meiste Zeit?
Frl. Strass	Im Wohnzimmer.
Liane	Wie ist das Wohnzimmer eingerichtet?
Frl. Strass	Es ist im Barockstil eingerichtet. Das Wohnzimmer hat eine weiße Tapete. An der einen Seite steht ein runder Tisch. In der Mitte hängt ein Kronleuchter, und auf einem kleinem Tischchen steht eine Lampe. Besonderer Blickpunkt ist das Blumenfenster. Außer einigen Hängepflanzen, einem Jasmin und einer fleischfressenden Pflanze gibt es dort noch Kakteen und so weiter.

drum herum	all around it
an der einen Seite	on one side
besonderer Blickpunkt	a focus of interest

2*
Rainer Harnacks Wohnung ist in einem Mehrfamilienhaus

Liane	Herr Harnack, wie sieht Ihre Wohnung aus?
Herr Harnack	Meine Wohnung hat dreieinhalb Zimmer, Küche, Bad und Balkon. Sie ist in einem Mehrfamilienhaus im dritten Stockwerk. Sie ist mittelgroß, sie hat ungefähr 86 Quadratmeter.
Liane	Und wie groß sind die einzelnen Zimmer?
Herr Harnack	Sie sind nicht sehr groß, aber es ist genügend Platz, um sich zu bewegen. Die Küche ist ziemlich groß, aber das Badezimmer ist recht klein.

Rainer Harnack auf seinem Balkon

† Kitchen and bathroom are usually counted separately, so she would normally have said fünf Zimmer und Küche, zwei Badezimmer etc.

Liane	Wie ist Ihr Wohnzimmer eingerichtet?
Herr Harnack	Wir haben eine Sitzecke, niedrige Sitzkissen mit einem Tisch, eine Bücherwand, eine Stehlampe und Bilder an den Wänden. Die Sitzkissen sind dunkelbraun, der Tisch ist weiß, die Stehlampe hat einen roten Schirm. Ich habe einige Bilder von Freunden. Es sind Landschaften, auch Drucke von Berliner Straßen, von Berliner Häusern.
Liane	Haben Sie auch einen Garten?
Herr Harnack	Ich habe nur einen ganz kleinen Garten auf meinem Balkon: zwei Blumenkästen.

es ist . . .	there is . . .
um sich zu bewegen	to move
es sind Landschaften	they are landscapes

3*

Fräulein Gertraud Müller wohnt mit ihrer Mutter in einer Vierzimmerwohnung in Augsburg.

Gertraud Müllers Zimmer

Michael	Fräulein Müller, wohnen Sie in einem Einfamilienhaus oder in einer Wohnung?
Frl. Müller	Ich wohne mit meiner Mutter in einer Wohnung.
Michael	Wieviele Zimmer hat die Wohnung?
Frl. Müller	Wir haben vier Zimmer. Es sind: ein Wohnzimmer, dann habe ich ein eigenes Zimmer, und meine Mutter hat ein eigenes Zimmer, und wir haben ein kleines Nähzimmer.
Michael	Nähen Sie beide gerne?
Frl. Müller	Ja. Meine Mutter und ich sind beide Nähfanatiker. Das Nähzimmer ist nicht sehr groß, ungefähr fünf Quadratmeter. Und in dem Nähzimmer steht ein großer Kleiderschrank und eben die Nähmaschine.
Michael	Wie sieht die Wohnung sonst aus?
Frl. Müller	In meinem Zimmer habe ich drei Wände weiß tapeziert, und auf der vierten Wand habe ich eine geometrische, schwarzweiße Tapete. Das Wohnzimmer ist vor allem in Gold- und Blautönen gehalten. Unsere Vorhänge sind aus Damast, in einem hellen Goldton.
Michael	Was für Teppiche haben Sie zum Beispiel in der Wohnung?
Frl. Müller	In meinem Zimmer liegt ein Spannteppich, das heißt ein Teppich, der von Wand zu Wand geht. Und im Wohnzimmer haben wir einen Perserteppich, keinen echten, aber er ist aus reiner Wolle.
Michale	Wie kochen Sie?
Frl. Müller	Wir kochen auf Elektroherden. Wir haben eine kleine Eßecke in der Küche, und das ist sehr praktisch für uns. Wir müssen das Geschirr nicht von der Küche ins Wohnzimmer tragen.
Michael	Wenn Sie Gäste haben, essen Sie auch in der Küche?
Frl. Müller	Nein, dann essen wir im Wohnzimmer. Dort haben wir auch eine Eßecke. Der Tisch ist aus Nußbaum und die Stühle ebenfalls.
Michael	Was sehen Sie, wenn Sie aus dem Fenster schauen?
Frl. Müller	Wenn ich aus einem Fenster schaue, sehe ich das Haus nebenan, und wenn ich aus dem anderen Fenster schaue, dann sehe ich auf die Straße.

ein eigenes Zimmer	room of my/her own
in Gold- und Blautönen gehalten	furnished in shades of gold and blue
Vorhänge aus Damast	damask curtains
der von Wand zu Wand geht	which goes from wall to wall
keinen echten	not a genuine one

Hören und Verstehen

Frau Ursula Praßer wohnt in Köln, mitten im Zentrum, und hat eine eigene Wohnung im fünften

Frau Praßer

Stock. Das Haus ist alt, aber Praßers Dreizimmerwohnung ist neu und modern. Aus dem Wohnzimmer und dem Arbeitszimmer haben sie ein großes Zimmer gemacht — mit wenig Möbeln. Das macht nicht viel Arbeit. Die Möbel sind selbstgemacht. Das macht Arbeit, aber es ist billiger!

Michael   Frau Praßer, haben Sie eine eigene Wohnung?

Frau Praßer   Ja, ich wohne mitten im Zentrum, im fünften Stock eines Altbauhauses.

Michael   Wie sieht Ihre Wohnung so aus?

Frau Praßer   Ich fange unten an. Wenn Sie zur Tür hereinkommen, bekommen Sie einen Schreck. Es fängt mit einer Marmortreppe an, und wenn Sie höher steigen – ich wohne im fünften Stock – wenn Sie höher steigen, wird das Geländer immer wackliger. Die Wände haben Brandspuren, noch vom letzten Krieg, und die Tapete ist locker, hängt von den Wänden herab, so daß Sie denken, welche Höhle ist das hier! Und dann sind Sie endlich im fünften Stock angelangt und schellen bei mir. Dann öffne ich, und dann, glaube ich, ist es ganze modern.

Michael   Wie groß ist Ihre Wohnung?

Frau Praßer   Sie hat drei Wohnräume, ein Bad, eine Küche und einen ganz langen, 11 Meter langen Flur. Und alle Türen, die vom Flur aus ausgehen, haben einen Buchstaben, einen Riesenbuchstaben, der sagt K— Küche, S— Schlafzimmer, B— Bad, WA— Wohn-Arbeitszimmer, so daß Sie als Gast in meiner Wohnung wissen, wo welches Zimmer ist. Das schönste ist das Wohn- Arbeitszimmer. Das sind zwei Räume — ursprünglich, aber wir haben die mittlere Wand durchgebrochen, so daß es einen großen Raum gibt. Im Wohnzimmer sind nicht viel Möbel. Ich mag nicht so viel herumstehen haben. Außerdem müßte ich das dann saubermachen. Da ist nur ein großer grasgrüner Teppich, drei Sessel und ein Sofa.

Michael   Und was haben Sie für Möbel im Arbeitszimmer?

Frau Praßer   Die Farbe ist weiß, alle Möbel sind selbstgemacht. Wir wollten Geld sparen. Ich habe sie entworfen, und dann haben wir begonnen.

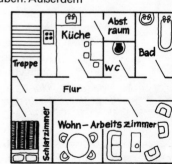

Abst.raum = Abstellraum (storage room)

Überblick

Wie wohnen Sie?

Ich wohne in	einer Wohnung, Mietwohnung, Sozialwohnung einem Einfamilienhaus, Mehrfamilienhaus einem Bungalow

In welchem Stock ist Ihre Wohnung?

Die Wohnung ist		in der dritten Etage	
	im	zweiten ersten Erdgeschoß	Stock Stockwerk

Wie groß ist die Wohnung?

Sie ist ungefähr 75 Quadratmeter groß
Sie hat ungefähr 86 Quadratmeter

Wieviele Zimmer hat	**das Haus?** **die Wohnung?**	Es Sie Wir haben	hat	acht Zimmer

. . . und	es sie wir haben	hat	einen großen Keller	(der Keller)
			eine kleine Küche	(die Küche)
			ein großes Badezimmer	(das Badezimmer)

Wie ist das Wohnzimmer eingerichtet?

Im Wohnzimmer haben wir	einen braunen Teppich	(der Teppich)
	eine hellgrüne Tapete	(die Tapete)
	ein großes Fenster	(das Fenster)
	dunkelgrüne Vorhänge	(Vorhänge *pl.*)

In der Mitte	steht	ein runder Tisch	(der Tisch)
In einer Ecke	ist	eine kleine Lampe	(die Lampe)
		ein großes Sofa	(das Sofa)

An der Wand	hängt	ein kleines Bild	(das Bild)

In meinem Zimmer	liegt	ein blauer Spannteppich	(der Teppich)
Im Wohnzimmer	ist	ein echter Perserteppich	

Der Tisch ist aus Nußbaum
Der Teppich ist aus reiner Wolle
Die Vorhänge sind aus Damast

Wie sieht der Garten aus?

In der Mitte ist	ein Fischteich eine Rasenfläche

Drum herum sind	Bäume Büsche Blumen

Quadratmeter is abbreviated qm. The size of houses, flats and rooms is often given in square metres.

Übungen

1 Wie wohnen Sie?

a *Frage*

Wo wohnen Sie?

Wie wohnen Sie dort?

Wieviele Zimmer hat *Ihre Wohnung?*

Wie groß ist Ihr Wohnzimmer?

Haben Sie auch einen Garten?

Antwort

Ich wohne *in Hamburg.*

Ich wohne in *einer Eigentumswohnung.*

Sie hat *vier* Zimmer, *Küche* und *Bad*, und *einen Keller* und *eine Garage.*

Es ist *vierundzwanzig* Quadratmeter groß.

Nein, ich habe *keinen* Garten, *aber* ich habe *einen kleinen Balkon.*

Here are some housing advertisements. Ask the people who now occupy these homes the same questions and work out their answers, changing the words in italics as necessary. If there are two of you take turns at asking and answering the questions.

IMMOBILIEN: HAUS - UND WOHNUNGSANGEBOTE

HAMBURG-ALTONA

Sehr schöne Eigentumswohnung, 153 qm, Baujahr 65. 5 Zimmer, Küche, Bad, WC, Wohnzimmer 35 qm. Großer Südbalkon. 1. Stock in einem Mehrfamilienhaus. Sehr großer Keller (oder Hobbyraum), Garage. Ruhige Seitenstraße. 2 Minuten zu Bushaltestelle und U-Bahn.

NEUBAUWOHNUNG MIT DACHGARTEN AM STARNBERGER SEE

270 qm Wohnfläche. Wohnzimmer 53 qm, 3 Schlafzimmer, 1 Bad, 2 WC, vollautomatische Küche. Dachgarten mit herrlicher Aussicht auf Gebirge und See. Sauna und Tiefgarage. 100 m bis Seepromenade. Sofort zu verkaufen für DM 398.000, —. Besichtigung: Sonntag 15–17 Uhr.

BUNGALOW IN TRAVEMÜNDE

5 Zimmer, Küche, Bad, Gäste-WC, Balkon und 2 Terrassen. Baujahr 1968. Zentrale Unterflurheizung. Wohnfläche zirka 140 qm + Keller und Garage. Wohnzimmer 30 qm. Grundstücksgröße 570 qm. 5 Minuten von der See.

120 qm LUXUS-EIGENTUMSWOHNUNG GARMISCH-PARTENKIRCHEN

1. Etage in einem großen Landhaus mit Hallenschwimmbad und Sauna. Baujahr 1971. Wohnzimmer 40 qm, 2 Doppelschlafzimmer, Eßzimmer, Küche, Diele, Gäste-WC, Bad mit WC. 15 m langer Südwestbalkon, wunderschöne Aussicht auf die Zugspitze. Tiefgarage und Keller. Kaufpreis DM 375.000, —, Besichtigung: Samstag 9–13 Uhr.

2½-ZIMMER-WOHNUNG IN KIEL

Neubau. 50 qm. Wohnzimmer 25 qm. Kleiner Balkon. 6. Stock. Lift im Haus.

EINFAMILIENHAUS AN DER NORDSEE

Baujahr 62, 92 qm Wohnfläche, 3 Zimmer, Küche, Bad/WC, Zentralheizung. Wohnzimmer 30 qm. 1 Garage, 400 qm Garten, ruhige Lage. Kaufpreis nur DM 57.000, —.

HAMBURG – STADTZENTRUM

1-Zimmer-Appartement, 20 qm, Küche und Bad separat. Kleiner Garten und Garage. In Zweifamilienhaus. Baujahr 1958. Ruhige Lage. Monatsmiete DM 280, —.

---

b Make up more questions of your own and work out the answers.

e.g Wie groß ist das Grundstück?
Wieviel Quadratmeter Wohnfläche hat das Haus?
In welchem Stock wohnen Sie?
Wie weit ist es zur U-Bahn?
Was für eine Aussicht haben Sie von Ihrem Hause aus?

c Abbreviations save money!
Can you read this?

1-Fam-Haus, Bj. 69, 98 qm Wfl., 3 Zi., Kü., Bad., Wohnz. 35 qm. Gr. Südbalk., sehr gr. Kell., Gge., ruh. Lg., 3 Min. z. U-Bahn. Kaufpr. DM 55.000, –. Besichtg. Sa 10-14 Uhr, Mo-Fr 9-17 Uhr.

2 In welchem Stock wohnen sie?

Who lives where in this block of flats?

Königs wohnen im Erdgeschoß unter Bergmanns. Bergmanns wohnen über Königs und zwei Stockwerke unter Böhms. Unter Böhms und über Bergmanns wohnen Heises. Im fünften Stock wohnen Meyers. Meyers wohnen über Feldmanns.

5.	**Meyer**	Meyers wohnen im fünften Stock.
4.		
3.		....
2.		....
1.		....
E.		....

3 Wie ist Ihr Wohnzimmer eingerichtet?

a Heideckers Wohnzimmer ist schön. Der Teppich ist dick, die Tapete hellblau, das Sofa bequem, der Schrank groß, der Fernseher neu, die Lampe modern, der Tisch ist aus Glas, und das Bild an der Wand ist hell. Die Vorhänge sind aus Damast und das Sofa und der Sessel aus Leder.

Wie ist ihr Wohnzimmer eingerichtet?

In einer Ecke steht eine moderne Lampe.
Neben der Lampe steht ein ....Fernseher.
In einer anderen Ecke steht ....
Vor dem Fenster steht ....
Das Sofa und der Sessel sind ....
An der Wand hängt ....
In der Mitte steht.........
Auf dem Fußboden liegt ....
An den Wänden ist ....
Die Vorhänge sind ....

b Now describe their neighbours' living room. Everything there is just the opposite. You'll need to use these words:

alt	dunkel	dünn	unbequem	aus Nylon
altmodisch	dunkelblau	klein	aus Holz	aus Plastik

e.g. **In einer Ecke steht eine altmodische Lampe.**

4 Das neue Haus

Mother approves of everything in your new house—but she has a reservation about the garden. What did you tell her?

Im Schlafzimmer haben wir eine schwarzweiße Tapete.
Ja, eine schwarzweiße Tapete im Schlafzimmer ist doch mal was anderes.

....

Ja, ein dunkelblauer Teppich im Wohnzimmer ist eine gute idee.

....

Ein gelber Teppich im Gästezimmer sieht bestimmt freundlich aus.

....

Ein buntes Blumenfenster im Wohnzimmer ist doch was Schönes.

....

Eine kleine Eßecke in der Küche ist ja ganz praktisch.

....

Ein großer Schrank im Kinderzimmer ist immer gut.

....

Eine schöne Rasenfläche im Garten? Da kann man sich im Sommer ja schön sonnen.

....

Ein kleiner Teich in der Mitte ist aber gefährlich— mit zwei kleinen Kindern!

Wissenswertes

Wie wohnt man in der BRD?

Bei einem Wohnungsmakler klingelt das Telefon:
'Ich suche eine Zweizimmerwohnung'.
'Wann' fragt die Sekretärin 'haben Sie die Wohnung
zuletzt gesehen?'

Das ist ein Witz, aber er ist symptomatisch für die Situation in der Bundesrepublik. Seit 1974 gibt es zum erstenmal soviele Wohnungen wie Haushalte. Und doch gibt es besonders in Großstädten wie Hamburg oder München oder Frankfurt ein Wohnungsdefizit. Denn hier leben zu viele Menschen. Familien mit Kindern, alte Leute und Gastarbeiter finden oft keine adäquaten Wohnungen.

1965–1974: Baupreise steigen um 92% – Mieten steigen um 80%

Das Ideal des Bundesbürgers ist ein Häuschen im Grünen. Aber nur etwa ein Drittel wohnt im eigenen Haus (Eigenheim) oder in einer eigenen Wohnung (Eigentumswohnung). Zwei Drittel der Bundesbürger wohnen in einer Mietwohnung und bezahlen jeden Monat Miete.

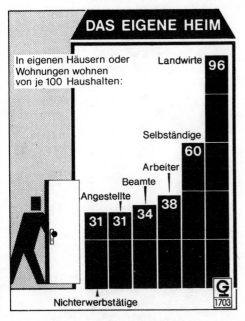

DAS EIGENE HEIM

In eigenen Häusern oder Wohnungen wohnen von je 100 Haushalten:

Landwirte **96**
Selbständige **60**
Arbeiter **38**
Beamte **34**
Angestellte **31**
31
Nichterwerbstätige

2½-Zi.-Kft.-Whg., 75 qm, HH 70, 575,- inkl., MD 5300,-. I. Roeder RDM, Tel. 693 40 00 / 693 58 80

Die deutsche Mietwohnung ist im Durchschnitt 75 Quadratmeter groß. Eine Zweizimmerwohnung dieser Größe kostet in Hamburg oder München heute 500 Mark Miete. *Sozialwohnungen* sind für Familien mit niedrigem Einkommen und kosten weniger. 1,5 Millionen Haushalte bekommen auch *Wohngeld*, eine finanzielle Hilfe des Staats. *Aber*: In Hamburg wohnen heute zehntausend Menschen in Asylen. Und das ist in einigen Großstädten so.

2-Zi.-Sozialwhg., 46 qm, HH 76, § 5-Schein, Hzg., D'bad, Balkon, 240,- inkl. Zuschriften an PN 3531 HA

Jede dritte Wohnung unmodern

Nicht alle Bundesbürger wohnen schön. Viele wohnen in Altbauten von vor dem Krieg. Und nicht alle Neubauten sind freundlich, hell und komfortabel:

+ Ein Fünftel aller Wohnungen haben zu kleine Küchen und inadäquate Toiletten.
+ Ein Viertel aller Wohnungen haben kein Bad und keine Zentralheizung.
+ Jede dritte Wohnung ist unmodern.

Deshalb hilft der Staat: Hauseigentümer können eine direkte finanzielle Hilfe für Renovierungen bekommen. Das Motto ist 'Neues Wohnen in alten Häusen'.

Und viele Wohnviertel sehen heute schöner aus

Alte Fassaden sind restauriert, graue Wände sind jetzt rosa oder gelb, Stuckrosetten florieren wieder. Und die Wohnungseinrichtung? Viele Leute wohnen gern modern, einfach, funktionell. Aber es gibt eine Nostalgiewelle: Antiquitätenläden und Flohmärkte machen gute Geschäfte.

bei einem Wohnungsmakler	at an estate-agent's	steigen	rise
		im Durchschnitt	on average
zuletzt	last	Asylen	hostels
Witz	joke	von vor dem Krieg	pre-war
		Stuckrosetten	stucco rosettes

Renovierte Fassaden in Düsseldorf.

DREIZEHN **13** Was haben Sie heute gemacht?

Talking about what you've been doing

1   *Mechthilde Zieger beschreibt, was sie heute gemacht hat*

Hans-Joachim   Was haben Sie heute den ganzen Tag gemacht?

Mechthilde   Bis 2 Uhr habe ich in einem Büro gearbeitet, um Geld zu verdienen, dann bin ich in die Stadt gefahren und habe eingekauft. Ich habe Lebensmittel gekauft und andere Kleinigkeiten.

Hans-Joachim   Und dann?

Mechthilde   Ich bin nach Hause gefahren, habe etwas aufgeräumt und geputzt, und dann habe ich das Abendessen gekocht.

Hans-Joachim   Was haben Sie denn gekocht?

Mechthilde   Bratkartoffeln mit Spiegeleiern.

Hans-Joachim   Ist das so ein typischer Tag für Sie?

Mechthilde Zieger

Mechthilde   Ja, wenn ich nicht zur Universität gehe, dann ist es ein typischer Tag für mich.

ich bin gefahren	I went
um Geld zu verdienen	to earn some money

Im Hamburger Hafen

2*   *Jürgen kommt in Hamburg an. Die Überfahrt hat zwanzig Stunden gedauert*

Hans-Joachim   Hallo Jürgen, willkommen in Hamburg!

Jürgen   Danke schön.

Hans-Joachim   Haben Sie eine gute Überfahrt gehabt?

Jürgen   Ja, die Überfahrt war sehr gut.

Hans-Joachim   Und wie lange hat sie gedauert?

Jürgen   Ja, von Harwich bis Hamburg zirka zwanzig Stunden.

Hans-Joachim   Und was haben Sie die ganze Zeit gemacht?

Die Prinz Hamlet II

Jürgen   Tja, was habe ich gemacht? Ich habe Glück gehabt, es war ein sonniger Tag, und ich konnte mich sonnen. Danach bin ich ins Restaurant gegangen, habe gegessen, und spät am Abend habe ich in der Diskothek getanzt.

Hans-Joachim   Mit wem?

Jürgen   Ah, ich habe eine Gruppe netter Leute kennengelernt. Und da war ein nettes Mädchen, mit der habe ich getanzt.

Hans-Joachim   Hatten Sie eine Kabine reserviert?

Jürgen   Ja, ich habe in London eine Kabine reserviert, die ich gegen 2 Uhr aufgesucht habe.

Hans-Joachim	Und wann sind Sie dann aufgewacht?
Jürgen	Heute morgen um 7, durch das Geräusch der Lautsprecher auf dem Schiff.
Hans-Joachim	Wo haben Sie gefrühstückt?
Jürgen	Gefrühstückt habe ich eigentlich nicht, weil ich gestern abend sehr reichlich im Restaurant gegessen habe. Infolgedessen wollte ich heute morgen nur ein paar Tassen Kaffee trinken.
Hans-Joachim	Haben Sie auch zollfrei eingekauft?
Jürgen	Ja, ich habe eine Flasche Gin für meinen Vater gekauft und eine Schachtel Pralinen für meine Mutter.
Hans-Joachim	Hat der Zoll Sie kontrolliert?
Jürgen	Hier in Hamburg gar nicht, nein.
Hans-Joachim	Und Sie haben wirklich nichts geschmuggelt?
Jürgen	Geschmuggelt? Nein, absolut nichts!

ich konnte mich sonnen	I could sunbathe
hatten Sie . . . reserviert?	did you have . . . reserved?
die ich aufgesucht habe	which I went to
wann sind Sie aufgewacht?	what time did you wake up?
durch das Geräusch der Lautsprecher	by the noise of the loudspeakers
weil ich reichlich gegessen habe	because I had a big meal

3*

Jürgen fährt nach England zurück. Er hat in Hamburg viel gemacht

Hans-Joachim	Jürgen, Sie fahren heute zurück nach England. Freuen Sie sich?
Jürgen	Ja, ich freue mich sehr.
Hans-Joachim	Hat es Ihnen in Hamburg nicht gefallen?
Jürgen	Doch, es hat mir in Hamburg sehr gut gefallen, aber ich lebe letzten Endes in England. Ich habe dort meine Freunde, meinen Hund, mein Haus
Hans-Joachim	Was haben Sie während dieser Tage in Hamburg gemacht?
Jürgen	Na, ich habe erst mal lange geschlafen, also mich gut ausgeruht. Ich bin leidenschaftlicher Photograph, ich habe ein paar Aufnahmen gemacht. Ich habe gesegelt, Freunde von mir haben ein Segelboot an der Alster. Ich bin auch mal rudern gegangen. Na ja, was habe ich sonst so gemacht? Ah, ich habe Tennis gespielt. Meine Eltern sind in einem Tennisverein, deshalb konnte ich leicht spielen und Spielpartner finden. Abends bin ich ausgegangen, und hin und wieder habe ich auch ein paar Verwandte besucht.

Segelboote an der Alster

Hans-Joachim	War das alles an den Abenden?
Jürgen	Na, wie Sie wissen: 'In Hamburg sind die Nächte lang.'
Hans-Joachim	Waren Sie auf der Reeperbahn?*
Jürgen	Ja, aber natürlich.

hat es Ihnen nicht gefallen?	didn't you like it?
letzten Endes	after all
ich bin auch mal rudern gegangen	I went rowing once or twice as well

* main street in Hamburg's amusement quarter. It has been called 'the world's most sinful mile'!

Hören und Verstehen

Bei Kapitän Wutsdorff im Informationsbüro des Hamburger Hafens: Der Hafen ist Deutschlands

Kapitän Wutsdorff

Tor zur Welt. Alle fünfzehn Minuten gibt es eine Schiffsankunft oder -abfahrt. Hamburg hat nach dem Krieg die politische Propaganda rotchinesischer Schiffe toleriert und ist heute der wichtigste europäische Hafen für Rotchina. Die Fähre nach England reist jeden zweiten Tag. Auch Kapitän Wutsdorff fährt mit dem Schiff. Im Flugzeug verliert er die Nerven.

Hans-Joachim Herr Wutsdorff, wie groß ist der Hamburger Hafen?
Herr Wutsdorff Der Hamburger Hafen hat eine Fläche von 100 Quadratkilometern. Er ist so groß wie die Stadt Nürnberg.
Hans-Joachim Wieviele Schiffe kommen pro Tag im Hamburger Hafen an?
Herr Wutsdorff Pro Tag haben wir 48 Schiffsankünfte, das bedeutet, alle dreißig Minuten kommt ein Schiff im Hafen an. Nehmen wir die Abfahrt und Ankunft zusammen, so haben wir alle fünfzehn Minuten ein Schiff, das in den Hafen ein- oder ausläuft.
Hans-Joachim Hat der Hafen spezielle Verbindungen nach Übersee?
Herr Wutsdorff Spezielle Verbindungen nach Übersee bestehen praktisch zu über eintausendeinhundert Plätzen in aller Welt. Erfreulich hat sich der Handel mit Rotchina entwickelt. Als die Rotchinesen nach dem zweiten Weltkrieg hierher kamen, hatten sie ihre Schiffe mit politischen Wahlsprüchen und auch mit Bildern von Mao Tse-tung geschmückt. Die Wahlsprüche waren auf chinesisch, so störten sie uns nicht weiter. In anderen Häfen hat man diese Art von Propaganda verboten. Hier hat man sie akzeptiert. Und als Dank dafür hat der Rotchinese den Hamburger Hafen als seinen europäischen Heimathafen.
Hans-Joachim Es gibt vom Hamburger Hafen aus jetzt eine direkte Fährverbindung nach England. Wie oft fährt die Fähre von Hamburg ab?
Herr Wutsdorff Die Fähre *Prinz Hamlet II* verläßt an jedem zweiten Tag den Hamburger Hafen um 13 Uhr und erreicht pünktlich am darauf folgenden Morgen um 9.30 Uhr Harwich Navy Yard.
Hans-Joachim Was kann man denn während der langen Überfahrt alles tun an Bord?
Herr Wutsdorff Ja, während der kurzen Überfahrt muß ich da entgegnen . . . . Nachdem der Passagier seine Koffer verstaut hat, kann er erst mal Kaffee trinken oder *tea time* halten, sich danach auf einem Deckstuhl in die Sonne legen, gut zu Abend essen und im Anschluß daran die Diskothek oder Bordbar aufsuchen. Dann wird geschlafen, und nach dem Frühstück muß er wieder an Land.
Hans-Joachim Und fahren Sie selbst auch lieber mit der Fähre, oder würden Sie fliegen?
Herr Wutsdorff Im Flugzeug bin ich ein völlig anderer Mensch. Sie kennen mich dort nicht wieder. Ich setze mich in eine Ecke und bin ganz häßlich. Ich fahre lieber mit einem Schiff.

Überblick

Talking about the past I

Ich	**habe**	**ge**segel**t**	(segeln)
Er	**hat**	**ge**putz**t**	(putzen)
Wir	**haben**	**ge**spiel**t**	(spielen)

Ich	**habe**	Pralinen	**ge**kauf**t**	(kaufen)
Sie	**hat**	das Abendessen	**ge**koch**t**	(kochen)
Sie	**haben**	Glück	**ge**hab**t**	(haben)

— and with verbs in two parts (cf. *Wegweiser* Bk. 1 p. 13)

Ich	**habe**	auf**ge**räum**t**	(aufräumen)
Er	**hat**	ein**ge**kauf**t**	(einkaufen)
Wir	**haben**	nette Leute kennen**ge**lern**t**	(kennenlernen)

Verbs which start with **be-** or **ver-** or end in **-ieren** are slightly different:

Ich habe ein paar Verwandte **besucht** (besuchen)
Sie hat 30 DM **verdient** (verdienen)
Ich habe eine Kabine **reserviert** (reservieren)

Note: *besucht, aufgeräumt, gekauft* etc. are at the end of the sentence.

You can also use this word order:

Bis 2 Uhr		gearbeitet	(arbeiten)
Spät am Abend	habe ich	getanzt	(tanzen)
Dann		aufgeräumt	(aufräumen)

This word order is frequently used when you want to give a detailed account of when or where you did something.

If you want to emphasize what you did or didn't do:

Gefrühstückt habe ich eigentlich nicht (frühstücken)

Asking questions:

Hat der Zoll Sie **kontrolliert?** (kontrollieren)
Was **haben** Sie **eingekauft?** (einkaufen)
Wo **haben** Sie **gefrühstückt?** (frühstücken)
Wie lange **hat** die Überfahrt **gedauert?** (dauern)

Übungen

1 Was haben Sie heute den ganzen Tag gemacht?

a Like Frau Braun you've had a full but uneventful day. Use the words in the list to describe what you've done, e.g. **Ich habe gefrühstückt, ich habe die Fenster geputzt.**

einkaufen
aufräumen
frühstücken
Tennis spielen
die Fenster putzen
im Garten arbeiten
Verwandte besuchen
das Mittagessen kochen
beim Mittagessen Musik hören

b Now be really precise, e.g.
Von 8 bis 9 habe ich gefrühstückt.
Von 9 bis 10 habe ich aufgeräumt.

c Vary your account using these phrases:

eine Stunde lang   zwei Stunden lang
heute vormittag   heute nachmittag
heute abend
e.g. **Ich habe heute vormittag**
    aufgeräumt.

2 Was haben Sie am Wochenende gemacht?

Am Wochenende waren Sie mit Ihrem Mann/Ihrer Frau in der Lüneburger Heide.

Ihre Hobbies sind	angeln	segeln	Golf spielen
	filmen	photographieren	Karten spielen
	malen	Radio hören	Schach spielen
	rudern	Gitarre spielen	Tennis spielen

Was haben Sie gemacht? z.B. **Am Freitag nachmittag habe ich photographiert, und mein Mann hat gemalt. Am Sonntag abend haben wir Karten gespielt.**

3 Haben Sie eine gute Überfahrt gehabt?

Harwich Navy Yard um 9.30 Uhr: Sie holen einen Bekannten aus Hamburg ab. Die *Prinz Hamlet II* kommt pünktlich an.

Sie: Guten Tag! Willkommen in England!
Guten Tag!

Sie: Haben .... ?
Ja, die Überfahrt war sehr gut.

Sie: Wie lange .... ?
Sie hat gut zwanzig Stunden gedauert.

Sie: Was .... ?
Tja, was habe ich die ganze Zeit gemacht? Ich habe mich gesonnt, und gestern abend habe ich bis spät in die Nacht getanzt.

Sie: Wo .... ?
An Bord ist eine Diskothek. Dort habe ich getanzt.

Sie: Mit wem .... ?
Ich habe ein nettes Mädchen kennengelernt. Wir haben den ganzen Abend zusammen getanzt.

Sie: Haben .... ?
Ja, natürlich habe ich zollfrei eingekauft – eine Flasche Whisky und Parfüm.

Sie: Haben .... ?
Ach ja, Zigaretten habe ich auch gekauft! Bitte schön, die sind für Sie.

4 Ein typischer Tag

a Was haben diese Leute heute den ganzen Tag gemacht? z.B. **Herr Busch hat in Ruhe gefrühstückt, dann hat er den ganzen Morgen im Haus gearbeitet.**

Herr Busch ist pensioniert. Er frühstückt immer in Ruhe, dann arbeitet er den ganzen Morgen im Haus; er räumt auf, er putzt, er kocht. Beim Mittagessen hört er die Nachrichten und auch ein bißchen Musik. Herr Busch hat viele Hobbies. Nachmittags arbeitet er im Garten und bastelt. Abends besucht er Freunde. Sie spielen zusammen Karten.

Herr Strohmeyer ist Photograph. Morgens arbeitet er von 9 bis 12.30 Uhr im Studio und macht dann normalerweise nur eine halbe Stunde Mittagspause. Er kocht Kaffee und raucht ein paar Zigaretten. Nachmittags photographiert er für eine Modezeitschrift. Am späten Nachmittag entwickelt Herr Stroyhmeyer seine Filme. Sein Hobby ist Kochen. Er kocht jeden Abend ein neues Gericht.

Fräulein Giselhof ist Sekretärin. Sie arbeitet jeden Tag von 8 bis 16.30 Uhr im Büro. Bis Mittag stenographiert sie viel, und um 10.30 Uhr kocht sie Kaffee. Sie hat eine Stunde Mittagspause. In der Mittagspause kauft sie ein. Nachmittags tippt Fräulein Giselhof Briefe und telefoniert auch sehr viel. Nach Feierabend tanzt sie oft in einer Diskothek.

b If there are two of you take turns at being Herr Busch, Herr Strohmeyer and Fräulein Giselhof and ask each other questions, e.g. **Wie lange haben Sie gefrühstückt? Haben Sie heute gearbeitet?**

Wissenswertes
Wie reist man in die BRD?

Mit Zug und Schiff

Der Kenner fährt über Harwich/Hoek van Holland. Er nimmt den Abendzug von London *Liverpool Street*, schläft nachts auf dem Schiff und ist morgens frisch für die Zugfahrt, zum Beispiel den Rhein entlang im *Rheinexpress.*

Die Schiffsreise von Dover nach Ostende ist kürzer, zirka vier Stunden, aber man reist oft die Nacht durch im Zug. Nur bei kürzeren Strecken ist diese Route besser: Man kann morgens von *Victoria Station* abfahren und ist abends schon in Köln oder Düsseldorf.

G 2 (London—) **Ostende**—Brüssel—Aachen—**Köln**

		716	D 433	717	21	D 225 1
London *Victoria Station*	ab	k 9.00		m 9.00	...	11.00
	an	k10.20		m10.20	...	12.20
Dover Marine 🚢	ab	k10.55		m10.55	...	12.50
Oostende 🚢	an	k14.20		m14.45	...	16.25

Zug Nr		716	D 433	717	21	D 225 1
					1.	
Oostende	ab	14.51		15.51		17.07
Brugge		15.07		16.07		17.23
Gent St Pieters		15.34		16.34		17.50
Brussel Zuid 26000	an	16.04		17.04		18.22
Bruxelles Midi F5, F6	ab		16.09		:18.17	18.27
Aachen Hbf 🚢	an		17.56		:20.11	20.30
Zug Nr						
Aachen Hbf	ab		:17.58		:20.21	:20.44
Düren 440	an		:18.15			
Köln Hbf	an		:18.40		:20.57	:21.24
Köln Hbf	ab		:18.50		◊:21.10	21.25
Düsseldorf Hbf 300	an		:19.16		◊:21.33	22.02
Essen Hbf	an		⑥:20.09		◊:22.00	22.39
Dortmund Hbf	an		⑥:20.35		◊:22.23	23.10

Billiger fahren

Für viele Fahrten nach und in der BRD gibt es spezielle Fahrkarten: Die *Ferienkarte* bei Reisen über 400 km ist 12½ Prozent billiger als die normale Fahrkarte. Und zum Beispiel nach München, Heidelberg, Köln ist der Fahrpreis um 20 bis 25 Prozent reduziert. Minigruppen (maximal sechs Personen) und Studenten reisen in der BRD billiger. Und mit der *Tourenkarte* kann man 10 Tage lang billig Eisenbahntouren machen, zum Beispiel im Gebiet südlich von München oder im Schwarzwald.

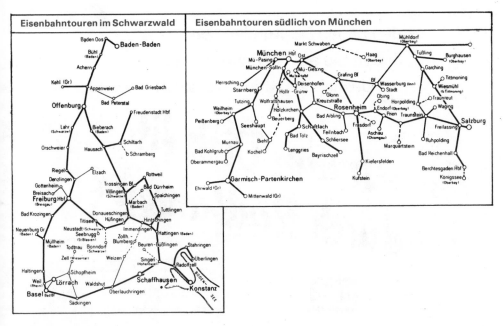

Eisenbahntouren im Schwarzwald — Eisenbahntouren südlich von München

Mit Bus oder Auto

Es gibt den Europabus Service, zum Beispiel ins Ruhrgebiet, nach Bayern oder an den Rhein. Der direkte Weg für Autofahrer ist mit der Fähre von Harwich bis Hamburg oder Bremerhaven. Und Autofahrer aus dem Norden reisen von Hull bis Amsterdam und dann weiter auf der Autobahn. Und wenn Sie das Auto müde macht, fahren Sie mit dem Fahrrad weiter: An 250 bundes deutschen Bahnhöfen kann man jetzt Fahrräder mieten!

Und mit dem Flugzeug

Es gibt billige Wochenendflüge nach Hamburg, Hannover, Düsseldorf, Frankfurt, München und anderen Städten. Wenn zwei Personen zum vollen Preis fliegen, bekommen sie in Deutschland einen Mietwagen gratis. Auf deutsch heißt das: *Fly—Drive!*

Information: German National Tourist Office, 51 Conduit Street, London W1 R OEN Sealink Travel Ltd., Europabus Section, Room 128, Victoria Station, London, SW1V 1JX (und an vielen Bahnhöfen und in Reisebüros)

der Kenner   anyone in the know   bei kürzeren Strecken   for shorter distances

Fahrrad am Bahnhof

Buchung hier

den neuen DB-Kundendienst finden Sie auf 33 Bahnhöfen der Bundesbahndirektion Frankfurt (Main)

»Trimm Dich fit durch Radfahren«

Nähere Einzelheiten und ausführliche Tourenvorschläge finden Sie in unserem Prospekt, der an den Fahrkartenschaltern und DER-Vertretungen aufliegt

Bundesbahndirektion Frankfurt (Main)

14 Wie sind Sie dahin gefahren?

More about what you've been doing

1

Ursula Praßer ist in den Ferien in den Bayerischen Wald gefahren

Michael Frau Praßer, fahren Sie manchmal während der Ferien weg?

Frau Praßer Wir fahren immer weg. Letztes Mal waren wir im Bayerischen Wald. Wir sind früh morgens abgefahren, haben einige Pausen unterwegs gemacht, gegessen und uns ein bißchen ausgeruht und sind abends vor Dunkelheit im Bayerischen Wald angekommen.

Michael Haben Sie in einem Dorf gewohnt?

Frau Praßer Nein. Das war ein abgelegener Bauernhof.

Michael Sehr schön. Und haben Sie Ausflüge von dort aus gemacht?

Frau Praßer Ja, wir sind zum Dreisessel* gefahren. Wir haben unser Auto ungefähr 200 Meter unterhalb geparkt – das letzte Stück sind wir zu Fuß gegangen, durch den hohen Schnee. Oben auf der Spitze des Dreisessel verläuft genau die tschechisch-deutsche Grenze. Und wenn Sie Mut haben, können Sie Ihren Fuß durch den Draht hindurchstecken und auf tschechischem Gebiet stehen. Wir haben es gemacht.

Michael War da eine tschechische Wache?

Frau Praßer Etwas unterhalb. Aber oben . . . uns hat keiner gesehen!

*Berg an der tschechisch-deutschen Grenze

Der Dreisessel

200 Meter unterhalb	200 metres below (the summit)
durch den hohen Schnee	through the deep snow
wenn Sie Mut haben	if you're brave enough

In den letzten zwei Jahren haben Hoffmanns ihren Urlaub am Meer verbracht

Michael	Fahren Sie immer an denselben Ort oder gehen Sie an verschiedene Orte?
Herr Hoffmann	Nein. Bisher sind wir nicht zweimal an denselben Ort gefahren. In diesem Jahr sind wir im März und April für drei Wochen in Spanien gewesen.
Michael	Wo in Spanien?
Herr Hoffmann	In der Nähe von Benidorm. Das Wasser dort war sehr warm. Wir sind sehr häufig an den Strand gefahren. Meine Frau hat meistens mit dem Kind am Strand gespielt, und ich bin ab und zu schwimmen gegangen.
Michael	Und wo haben Sie noch Ihren Urlaub verbracht?
Herr Hoffmann	Im vorigen Jahr haben wir unsere Ferien im Sommer an der Nordsee verbracht. Der Ort heißt St. Peter-Ording.
Michael	Was haben Sie hauptsächlich gemacht?
Herr Hoffmann	Meine Frau hat mir vor dem Urlaub ein Netz geschenkt, und ich bin dann spazierengegangen mit diesem Netz und habe Krabben gefangen. Ich habe auch sehr viele gefangen und habe sie dann in einen Plastikbeutel getan.
Michael	Was haben Sie dann mit den Krabben gemacht?
Herr Hoffmann	Meine Frau mochte nicht gern diese lebendigen Krabben in den Kochtopf werfen. Wir haben sie dann weggeworfen.
Michael	Schade drum!
Herr Hoffmann	Ja, aber es waren auch nur sehr kleine Krabben.

ab und zu	now and again
mochte nicht gern	didn't fancy
schade drum!	pity about that!
es waren auch nur	after all they were only

Auf Kreta ist Gabi Englet viel mit dem Bus gefahren

Michael	Wo haben Sie in letzter Zeit Ihren Urlaub verbracht?
Frl. Englet	Ich war im letzten Jahr in Griechenland und zwar auf Kreta.
Michael	Wie sind Sie dahin gefahren?
Frl. Englet	Wir sind geflogen – mit dem Flugzeug bis Heraklion. Das ist die größte Stadt auf der Insel.
Michael	Und was haben Sie da so gemacht?
Frl. Englet	Wir sind mit dem Bus quer durchs Land gefahren. Zum Beispiel einmal zu dieser großen Schlucht im Osten der Insel, die Samaria-Schlucht. Das ist angeblich die größte Bergschlucht Europas, und wir haben fast einen ganzen Tag gebraucht, um sie zu durchwandern. Wir haben sehr viele Ausflüge ins Landesinnere gemacht. Wir sind mit dem Bus gefahren, das ist auf Kreta sehr einfach. Es gibt dort keine Eisenbahnen, aber sehr viele Busse, und diese Busfahrten waren sehr lustig. Dort ist nämlich die örtliche Bevölkerung mitgefahren, mit Hühnern und allem Hausrat.
Michael	Das war bestimmt sehr heiß.
Frl. Englet	Es war sehr heiß, aber es war auch interessant; die älteren Frauen in schwarzen Tüchern haben zum Beispiel an vielen Wegkreuzungen angefangen zu beten oder sich zu bekreuzigen.
Michael	Warum? Hatten sie Angst vor einem Unfall?
Frl. Englet	Ich glaube, das ist der Grund.

Michael	Waren die Autobusse pünktlich?
Frl. Englet	Sie waren ziemlich pünktlich, aber es ist doch sehr familiär zugegangen. Einmal zum Beispiel hat der Bus plötzlich unterwegs gehalten in einem ganz kleinen Dorf. Der Busfahrer ist ausgestiegen und in ein Haus gegangen und ist mit einer großen Schüssel voll Weintrauben zurückgekommen.
Michael	Für die Fahrgäste?
Frl. Englet	Nein. Er hat sie selbst gegessen.

Gabi Englet auf Kreta

und zwar	in fact
quer durchs Land	all over the country
um sie zu durchwandern	to walk right through it
nämlich	you see
haben angefangen zu beten	started praying
hatten sie Angst vor . . .?	were they afraid of . . .?
es ist familiär zugegangen	there was a family atmosphere about it all

Hören und Verstehen

Bei Herrn Hans Murphy im Hapag-Lloyd Reisebüro: Viele Kunden fahren ins Ausland,

Herr Murphy

viele verreisen auch in der Bundesrepublik. Familien mit Kindern verreisen generell für zwei Wochen, Familien ohne Kinder für drei Wochen. Der Wintersport ist beliebt. Weltreisen sind teuer. Ferien auf dem Bauernhof sind billig. Für junge Leute gibt es Ferienklubs mit viel Sport. Ältere Leute fahren gern zur Kur.

Hans-Joachim	Herr Murphy, wohin fahren Ihre Kunden in Urlaub?
Herr Murphy	Unsere Kunden verbringen ihren Urlaub vielfach in Deutschland, an der Nordsee, an der Ostsee, im Schwarzwald und in den Bergen Oberbayerns.
Hans-Joachim	Fahren auch viele Leute ins Ausland?
Herr Murphy	Selbstverständlich, zum Beispiel nach Österreich, in die Schweiz, nach Italien und nach Spanien.

31

Hans-Joachim	Wie oft macht eine deutsche Familie Urlaub?
Herr Murphy	Im allgemeinen – überwiegend im Sommer – einmal im Jahr. Eine Familie mit Kindern fährt für zwei Wochen in den Urlaub. Ehepaare ohne Kinder verreisen drei Wochen.
Hans-Joachim	Aber Sie verkaufen auch Winterurlaube?
Herr Murphy	Ja, zum Wintersport in den Bergen, nach Oberbayern, nach Österreich oder in das klassische Wintersportland, in die Schweiz.
Hans-Joachim	Ich glaube, daß es in Hamburg sehr viele reiche Leute gibt. Gehören die auch zu Ihren Kunden?
Herr Murphy	Nun, es gibt viele Menschen, die über Vermögen verfügen, und die auch gerne zum Beispiel Weltreisen machen wollen.
Hans-Joachim	Aber Sie haben auch Reisen für Leute, die nicht soviel Geld haben?
Herr Murphy	Ja, zum Beispiel Ferien auf dem Bauernhof, in Schleswig-Holstein, in Niedersachsen, in Hessen und besonders auch in Bayern.
Hans-Joachim	Haben Sie besondere Reisen für jüngere Leute?
Herr Murphy	Jüngeren Leuten bieten wir Ferienklubs an, das sind Ferien, bei denen man Sport treiben kann, zum Beispiel Segeln, Basketball oder Gymnastik treiben.
Hans-Joachim	Und für ältere Kunden?
Herr Murphy	Ältere Menschen fahren lieber in einen Badeort, um in ihrem Urlaub eine Kur zu machen. Deutschland besitzt eine Reihe berühmter Badeorte – wie zum Beispiel Bad Kissingen, Bad Mergentheim oder Badenweiler.
Hans-Joachim	Herr Murphy, sagen Sie mir mal, welches ist wohl die ungewöhnlichste Reise, die Sie verkaufen?
Herr Murphy	Ja, wir haben natürlich auch Reisen für Individualisten, zum Beispiel zur Eisbärjagd nach Grönland oder zu einer Fotosafari auf Pinguine in der Antarktis!

Übungen

1 Büroklatsch

Renate's night out has given the office gossips something to talk about. Choose the appropriate word from the list to complete what they say.

'Sie ist gestern abend gerade aus dem Urlaub . . . . . , da haben Hesselbachs . . . . . und sie zu einer Party . . . . . Die Party hat schon um 8 . . . . . , und Renate ist schnell mit dem Wagen . . . . . Auf der Party aber hat sie natürlich zu viel . . . . . und ist lieber nicht nach Hause . . . . . Sie hat bei Hesselbachs . . . . , und heute morgen ist sie direkt von Hesselbachs ins Büro . . . . . .'

angefangen
angerufen
eingeladen
gefahren
gekommen
geschlafen
getrunken
hingefahren
zurückgekommen.

2 Wann sind Sie abgefahren?

70 Frankfurt — Karlsruhe — Offenburg — Basel

Zug Nr		D 277	171	D 501	E 2279		Zug Nr		D 370	974	D 570	17
1	Frankfurt (Main) Hbf ab	7.36	8.55		8.59	1	Basel SBB.... ab	12.45	14.25		16.26
2	Darmstadt Hbf ...70a ab 90		1.		9.18	2	Basel Bad Bf E 6/7	13.01	14.31		16.32
3	Ludwigshafen (Rh) Hbf ab			9.33		3	Müllheim (Baden).......	13.40	15.05		17.06
4	Mannheim Hbf. an	8.34	9.39	9.37		4	Freiburg (Brsg) Hbf	14.16		16.39	17.35
5	ab	8.36	9.47	9.51		5	Offenburg F3, 70b			16.46	
6	Heidelberg Hbf 70a an				10.01	6	Appenweier		15.51	17.04	
7	90 ab				10.05	7	Baden-Oos F3			17.11	
8	Bruchsal .... an				10.23	8	Rastatt............70e			17.25	18.06
9	Karlsruhe Hbf .... F3 an	9.08	10.15	10.23	10.38	9	Karlsruhe Hbf ....F3 ab	14.52	16.07	17.31	18.07
10	ab	9.10	10.16	10.28	10.42	10	Bruchsal	14.55	16.08		
11	Rastatt 70e				10.55	11	Heidelberg Hbf 90 an	15.23			
12	Baden-Oos .... F3 an	9.26		10.44	11.00	12	ab	15.27			
13	Appenweier........... an				11.23	13	Mannheim Hbf 70a an		16.36	18.03	18.35
14	Offenburg .... F3, 70b an	9.49	10.47	11.06	11.30	14	ab		16.44	18.13	18.43
15	Freiburg (Brsg) Hbf ...... an	10.22	11.15	11.38	12.10	15	Ludwigshafen (Rh) Hbf				
16	Müllheim (Baden) ...... an				12.32	16				18.52	
17	Basel Bad Bf E 6/7 an	11.02	11.51	12.18	12.59	17	Darmstadt Hbf .. 70a 90 an	16.17	17.28	19.11	19.26
18	Basel SBB ...... an	11.18	11.57	12.36	...	18	Frankfurt (Main) Hbf an				

On your business trip to Germany you stayed in Frankfurt. During the day your appointments were in other towns but every evening you had to be back for meetings in Frankfurt. Your diary shows the times of your appointments. Which trains did you catch?

z.B. *Montag nach Darmstadt*

Wann sind Sie morgens abgefahren?
Ich bin um 8.59 Uhr abgefahren.

Wann sind Sie in Darmstadt angekommen?

....

Wann sind Sie abends nach Frankfurt gefahren?

....

Wann sind Sie in Frankfurt angekommen?

....

FEBRUAR

2 Montag	9.30	Darmstadt
	19.15	Frankfurt
3 Dienstag	10.30	Karlsruhe
	17.30	Frankfurt
4 Mittwoch	9.45	Mannheim
	19.15	Frankfurt
5 Donnerstag	10.30	Freiburg
	19.30	Frankfurt
6 Freitag	9.30	Karlsruhe
	16.30	Frankfurt

Überblick

Talking about the past II (for part I see page 24)

Some verbs have different past forms from those you learned in chapter 13, e.g.:

Ich **habe** Krabben **gefangen** **(fangen)**
Uns **hat** keiner **gesehen** **(sehen)**
Der Bus **hat gehalten** **(halten)**

Er **hat** sie **gegessen** (essen)
Ich **habe** sie in einen Plastikbeutel **getan** (tun)

A few verbs do not belong to either group:
Wo **haben** Sie Ihren Urlaub **verbracht?** (verbringen)
Daran **habe** ich nicht **gedacht** (denken)

Verbs in two parts (cf. *Wegweiser* Bk. 1 p. 13):

Wir **haben** sie **weggeworfen** (wegwerfen)
Sie **haben angefangen** zu beten (anfangen)

With some verbs, mostly those
describing movement, you say: ich **bin** . . .

er		wir	
sie	**ist** . . .	sie	**sind** . . .
es		Sie	

For example:
Ich **bin** schwimmen **gegangen**

Der Busfahrer **ist** | **ausgestiegen**
               | in ein Haus **gegangen**
               | **zurückgekommen**

Wir **sind** | **geflogen**
         | früh **abgefahren**
         | abends **angekommen**

But you also use **ich bin** etc. with **geworden, geblieben** and **gewesen**:

Ich **bin** 81 **geworden**
Er **ist** acht Tage **geblieben**
In diesem Jahr **sind** wir in Spanien **gewesen**

If you're not sure of the past form of a verb, look it up in the *Glossary*, where it is given like this:

anfangen, ich habe angefangen	schwimmen, ich bin geschwommen
anrufen, ich habe angerufen	sitzen, ich habe gesessen
einladen, ich habe eingeladen	Ski laufen, ich bin Ski gelaufen
lesen, ich habe gelesen	spazierengehen, ich bin spazierengegangen
reiten, ich bin geritten	steigen, ich bin gestiegen
schlafen, ich habe geschlafen	treffen, ich habe getroffen
schreiben, ich habe geschrieben	trinken, ich habe getrunken

All these verbs occur in the exercises.

3 Ich bin schon eine Woche hier

Sie fahren auf Urlaub nach Garmisch-Partenkirchen.

Am Sonntag kommen Sie an. Am Montag gehen Sie spazieren. Am Dienstag treffen Sie Freunde. Am Mittwoch laufen Sie Ski. Am Donnerstag sitzen Sie den ganzen Tag in der Sonne. Am Freitag fahren Sie nach Innsbruck. Am Samstag schreiben Sie Briefe und Ansichtskarten, zum Beispiel:

4 Ferien im Schwarzwald

Sie haben Ihre Ferien im Schwarzwald verbracht. Sie treffen einen Bekannten. Was fragt er?

Sind Sie viel spazierengegangen? Selbstverständlich. Im Schwarzwald kann man sehr schöne Spaziergänge machen.

Im Schwarzwald

....?
Ja, im Schwimmbad und auch im Titisee*.

....?
Ja, sehr viel. Es gibt dort viele Reitschulen.

....?
Ja, auf den Feldberg** steigen gehört einfach zum Urlaub im Schwarzwald.

....?
Ja, morgens lange schlafen ist doch wunderbar.

....?
Ja, stundenlang. Normalerweise habe ich doch keine Zeit zum Lesen.

....?
Ja, wir sind zum Freiburger Weinfest gegangen.

....?
Ja, Kirsch trinke ich sehr gerne.

....?
Schwarzwälder Kirschtorte? Aber natürlich! Jeden Nachmittag zwei Stück – mit Sahne.

* lake in Black Forest.   ** highest mountain in Black Forest

Wissenswertes
Urlaub in der BRD

1974 haben 30 Millionen Bundesbürger eine Reise gemacht. 1,6 Prozent waren in der DDR und haben Verwandte besucht, 42 Prozent sind in Westdeutschland verreist und 56 Prozent waren im Ausland. Im Ausland scheint die Sonne öfter, und die Mark kauft ein bißchen mehr als in der Bundesrepublik.

In Bayern ist es doch auch sehr schön . . .

Aber in der Schweiz und in Dänemark ist es heute schon teurer als in Bayern oder Baden-Württemberg. Das sind die zwei beliebtesten Urlaubsgebiete: die Alpen und der Schwarzwald. Viele Bundesbürger fahren auch an die Ostsee oder Nordsee, zum Beispiel nach Travemünde oder St. Peter-Ording.

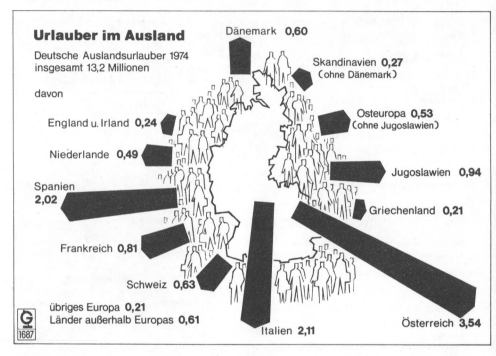

Urlauber im Ausland

Deutsche Auslandsurlauber 1974
insgesamt 13,2 Millionen

davon

England u. Irland **0,24**

Niederlande **0,49**

Spanien **2,02**

Frankreich **0,81**

Schweiz **0,63**

übriges Europa **0,21**
Länder außerhalb Europas **0,61**

Italien **2,11**

Dänemark **0,60**

Skandinavien **0,27**
(ohne Dänemark)

Osteuropa **0,53**
(ohne Jugoslawien)

Jugoslawien **0,94**

Griechenland **0,21**

Österreich **3,54**

G 1687

Ferien privat

Nicht so teuer sind Übernachtungen (mit Frühstück) in Privathäusern oder *Ferien auf dem Bauernhof* z.B. im Schwarzwald, im Bayerischen Wald oder an der Mosel. Über 3.000 westdeutsche Bauernhöfe vermieten Zimmer und Ferienwohnungen mit D (Dusche) und P (Ponies). Manche haben auch S (Schweine). Das Frühstücksei ist meistens frisch!

Information: Katalog 'Ferien auf dem Lande', Landschriftenverlag,
Kurfürstenstr. 53, D-5300 Bonn.

Hobbyferien

Neu ist die *Deutsche Freizeitkarte*. Man bekommt sie in deutschen Buchläden und Tankstellen. 90 Symbole auf der Karte zeigen, wo man angeln kann oder schwimmen, segeln oder Fußball spielen: an 80.000 Freizeitplätzen. Die Karte zeigt Go-cart-Bahnen und Trimm Dich Pfade und Pilzlehrpfade. Auch Hobbyferien sind in Deutschland 'in'. Man kann töpfern und filmen lernen, Diamanten schneiden, gut essen und gut trinken. An der Mosel, am Rhein und in Franken gibt es Weinseminare (auch auf englisch) und Weinlehrpfade durch die Weinberge.

Information: Fremdenverkehrsverband Rheinland-Pfalz, Hochhaus, D-5400 Koblenz
Fremdenverkehrsverband Franken, am Plärrer 14, D-8500 Nürnberg 18.

Tip für Autofahrer

Es gibt 50 speziell markierte Ferienstraßen von der Ostsee bis Bayern. Sie führen durch typische Landschaften und attraktive Orte. Die Alpenstraße, die Weinstraße und die Schwarzwald-Bäder-Straße sind besonders schön.

Information: Broschüre 'Deutsche Ferienstraßen' von folgender Adresse:
Deutscher Fremdenverkehrsverband
Untermainanlage 6
D-6000 Frankfurt/Main 1

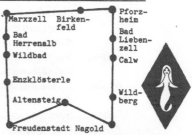

Eine der „deutschen Ferienstraßen": die Schwarzwald-Bäderstraße und ihr Symbol.

Und es gibt 120.000 Kilometer speziell markierte Wanderpfade in der BRD. Sehr attraktiv ist der Schwarzwald mit Höhenwegen zum Bodensee und nach Basel. Überall im Schwarzwald gibt es spezielle Wanderparkplätze für Autowanderer. Nach 347 Kilometern zu Fuß bekommt man eine goldene Nadel: das Höhenwegabzeichen. Herzlichen Glückwunsch!

Information: FVV Schwarzwald, 78 Freiburg i. Br., Bismarckallee 10.

For a detailed map of Germany see page 11.

die zwei beliebtesten Urlaubsgebiete	the two most popular holiday areas
zeigen	show
Pilzlehrpfade	trails for studying mushrooms
töpfern	do pottery
führen	go, take you
mit Höhenwegen	with mountain tracks
eine goldene Nadel	a golden pin
das Abzeichen	badge

37

15 Wieviele Einwohner hat Augsburg?

Saying how much – and some revision

1*

Augsburg – eine Stadt mit mittelalterlichem Charakter

Michael	Fräulein Müller, wo kommen Sie her?
Frl. Müller	Ich komme aus Augsburg.
Michael	Wieviele Einwohner hat Augsburg eigentlich?
Frl. Müller	Augsburg hat ungefähr 250.000 Einwohner.
Michael	Eine ziemlich große Stadt also.
Frl. Müller	Ja, relativ groß.
Michael	Was ist es für eine Stadt?
Frl. Müller	Augsburg hat einen

Augsburg

mittelalterlichen Charakter. Es gibt viele alte, große Handelshäuser und auch viele große Geschäfte, die allerdings neu sind. Brecht hat in Augsburg gewohnt, und Mozarts haben in Augsburg gewohnt, deshalb kommen viele Musikfreunde nach Augsburg.

Michael	Sie haben gesagt, Augsburg ist eine mittelalterliche Stadt. Gibt's da viele alte Kirchen?
Frl. Müller	Ja, die meisten Kirchen sind aus dem sechzehnten und siebzehnten Jahrhundert.
Michael	Sind die meisten Leute in Augsburg katholisch?
Frl. Müller	Nein. Die Hälfte katholisch, die Hälfte evangelisch.
Michael	Haben Sie Industrie in Augsburg?
Frl. Müller	Ja. Papierindustrie und Textilindustrie.
Michael	Kommt das Holz für die Papierindustrie aus den Wäldern um Augsburg herum?
Frl. Müller	Ja, vor allem im Süden von Augsburg gibt es viele Wälder.
Michael	Wird um Augsburg herum auch Wein angebaut?
Frl. Müller	Nein, das Klima ist viel zu kalt in Augsburg. Es gibt sehr wenig Wein, also überhaupt keinen Weinbau.
Michael	Gibt es Brauereien in Augsburg?
Frl. Müller	Ja, es gibt in Augsburg fünf oder sechs große Brauereien, und in der Umgebung von Augsburg gibt es mehrere kleine Brauereien. Die brauen sehr gutes Bier, und ein beliebtes Getränk ist eine "Radler", das ist eine Mischung aus Limonade und Bier.

die allerdings neu sind	but they're new, though
wird um Augsburg herum Wein angebaut?	is Augsburg in a wine-growing area?

2*

Hoffmanns Wohnung ist in einem Altbau nahe der Alster

Michael	Haben Sie in Hamburg eine Wohnung oder ein Haus?
Herr Hoffmann	Ich habe mit meiner Familie zusammen eine Wohnung in Hamburg, nahe der Alster. Sie liegt im fünften Stock, und wir haben in dem Haus keinen Fahrstuhl. Das hält mich also gesund. Das Haus ist ein Altbau. Es ist 1926 gebaut. Unsere Wohnung besteht aus drei Zimmern,

insgesamt sind das 80 Quadratmeter. Die drei Zimmer sind etwa gleich groß, sie sind etwa 20 Quadratmeter groß. Hinzu kommt ein sehr großer Dachgarten. Dieser Dachgarten ist auch etwa 35 Quadratmeter groß.

Michael   Beschreiben Sie bitte mal Ihre Wohnung.

Herr Hoffmann   Die ganze Wohnung ist mit einem hellblauen Teppich ausgelegt von Wand zu Wand. Und im Flur ist ein brauner Teppich. Wir haben uns nicht mit neuen Möbeln, mit modernen Möbeln, eingerichtet, sondern haben die meisten Möbel aus dem Sperrmüll oder von Antiquitätenläden ausgesucht, zum Beispiel haben wir einen runden Eßtisch aus Mahagoni, dazu vier passende Stühle. Dann haben wir im Wohnzimmer ein Büfett mit einem Spiegel. Dann haben wir dort sechs Sessel stehen. Die stehen direkt vor dem Fenster, so daß man sehr schön aus dem Fenster schauen kann, und so haben wir einen wunderschönen Ausblick—soweit wir blicken können, sehen wir Hamburg.

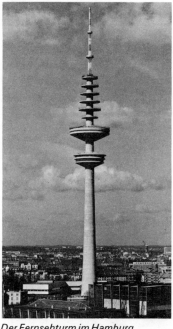

Der Fernsehturm im Hamburg

es ist 1926 gebaut	it was built in 1926
besteht aus . . .	consists of . . .
etwa gleich groß	roughly the same size
hinzu kommt	there is also
so daß man sehr schön aus dem Fenster schauen kann	so you get a good view out of the window

3   *Kreuzfahrt nach Westafrika*

Liane   Fräulein Strass, wo waren Sie in den letzten Jahren in Urlaub?

Frl. Strass   Vor zwei Jahren war ich auf einer Kreuzfahrt in Westafrika. Die Kreuzfahrt hat in Hamburg begonnen. Wir sind von Hamburg nach Las Palmas geflogen und dort auf das Schiff gegangen.

Liane   Und wie lange hat die Reise insgesamt gedauert?

Frl. Strass   Insgesamt waren wir zehn Tage an Bord des Schiffes.

Liane   Wie oft haben Sie in Afrika haltgemacht?

Frl. Strass   Leider nur zweimal.

Liane   Haben Sie etwas Interessantes vom Land gesehen?

Frl. Strass   Wir haben einige Gaststätten gesehen, einige Geschäfte; denn sehr viel mehr gibt es dort nicht zu sehen. Besonders interessant war der Blumenmarkt in Dakar. Es war ein farbenprächtiges Bild—die bunten Blumen und die schwarzen Menschen.

Liane	Haben Sie Gelegenheit gehabt, Menschen kennenzulernen?
Frl. Strass	Eigentlich kaum; denn die Zeit war sehr kurz.
Liane	Konnten Sie denn auf dem Schiff etwas Interessantes machen?
Frl. Strass	Ja, Interessantes ist zu viel gesagt. Außer Essen, Schlafen, einigen Tanzveranstaltungen, war dort nicht viel zu unternehmen.
Liane	Hat Ihnen die Reise trotzdem gefallen?
Frl. Strass	Die Reise war sehr, sehr schön. Und ich würde sie wahrscheinlich jederzeit wieder machen.

in den letzten Jahren	in the last few years
vor zwei Jahren	two years ago
Interessantes ist zu viel gesagt	I wouldn't really say interesting
ich würde sie . . .wieder machen	I'd do it again . . .

4*

Hans-Joachim Göttsch

Kochbuch mit Musik und Literatur

Ich habe eigentlich keine richtigen Hobbys. Früher habe ich Briefmarken gesammelt, aber das hat mir nach kurzer Zeit keinen Spaß mehr gemacht. Danach habe ich Bierdeckel gesammelt, davon habe ich immer noch zwei Koffer voll und weiß jetzt nicht mehr, wohin damit, und dann habe ich ein neues Hobby entdeckt, ich koche nämlich sehr gern. Ich glaube, ich habe das von meiner Mutter gelernt, und es macht mir auch jetzt immer noch sehr viel Spaß.

Ich habe vor einiger Zeit angefangen, ein eigenes Kochbuch zu schreiben, und zwar nicht allein, sondern zusammen mit meinem Freund. Wir fahren dann zusammen in einem Wohnwagen in die Heide, kaufen vorher sehr viel ein und beschäftigen uns ein Wochenende über damit, uns neue Gerichte auszudenken. Die schreiben wir dann auf und sammeln sie. Wir haben bis jetzt etwa zwanzig Rezepte gesammelt und jedesmal passende Musik und passende Literatur dazu ausgewählt. Am vorletzten Wochenende haben wir uns zum Beispiel etwas sehr Feines ausgedacht. Das Gericht heißt *Eminencé à deux,** und dort sind Kalbfleisch, Sahne und Wein drin, und es gibt Reis dazu. Als Musik haben wir eine Symphonie von Mozart ausgewählt und als Literatur den *Prolog im Himmel* aus Goethes *Faust.*** Man sieht, es ist also wirklich etwas sehr Feines.

das hat mir keinen Spaß mehr gemacht	I didn't find it fun any more
wohin damit	what to do with them
beschäftigen uns ein Wochenende über damit, uns neue Gerichte auszudenken	devote a whole weekend to thinking up new dishes
als Musik	for the music

*Eminencé à deux Made-up name meaning something like "special dish for two". *Eminencé* is probably a rather fanciful combination of *émincé* (French for "finely diced meat") and *éminent* ("outstanding"). ** *Faust*, a play by Johann Wolfgang von Goethe (1749–1832). It begins with the *Prolog im Himmel*.

```
OPUS 5
Eminencé à Deux

Zutaten:                    Gewürze:

400 gr Kalbfleisch         weißer Pfeffer
1/4 l Sahne                Salz
5 Eßlöffel Wein (weiß)     1 Messerspitze Curry
Öl und Butter              10 cm Porrée (vom weißen Keim)
                           1 Beutel Reis (ungefähr 1 Tasse)

Zubereitung:
Etwas Butter in Öl über starker Hitze zerlassen. Geschnetzeltes
Kalbfleisch dann zwei Minuten anbraten. Herausnehmen, abtropfen
lassen. Butter in der Pfanne zerlassen, feinst gewiegten Porrée
dann bräunen, mit Wein ablöschen, sobald der kocht, Sahne hinein-
rühren. Zehn Minuten sprudelnd kochen lassen. Mit Salz und Pfeffer
abschmecken. Abgetropften Fleischsaft und Fleisch hineingeben.
Alles gut durchwärmen. Dazu einen dezenten Curry-Reis.

Beilage:
Getränk:     spritziger, weißer Pfälzer
Musik:       Mozart, aus den Symphonien 39-41
Literatur:   Goethe, Faust - Prolog im Himmel
```

For a translation of this recipe see page 81.

Überblick

Saying how much:

zu viel	Industrie	Ich habe (überhaupt)	keinen Gin
(sehr) viel	Wein		keine Zeit
(sehr) wenig			kein Geld

Saying how many:

Dort gibt es	zu viele	Autos
	(sehr) viele	Leute
	die meisten	Hotels
	mehrere	Kirchen
	einige	Fabriken
	(überhaupt) keine	

Saying how big:

Wie groß ist Augsburg? Es hat ungefähr 250.000 Einwohner

Wie groß ist das Zimmer/die Wohnung?   Wie groß ist der Schrank?

Es	ist	etwa	5 qm	groß
Sie		zirka	35 qm	
		insgesamt	80 qm	

Er ist	sehr	groß
	relativ	
	(viel) zu	
	ziemlich	

Something interesting, something fine, etc.:

Wir haben **etwas Interessantes** gesehen
Es ist **etwas sehr Feines**

Übungen

1 Direkt unter dem Fenster ist der Markt

A travel company is reassessing the hotels it uses. How will these people fill in the questionnaire at the end of their stay?

Schmiemanns haben ein sehr kleines Zimmer ohne jeden Komfort. Sie haben zwar ein Telefon, aber es funktioniert nicht. Direkt unter ihrem Fenster ist der Markt. Sie sind den ganzen Tag unterwegs und nehmen immer Lunchpakete mit. Sie kommen abends immer sehr spät zum Essen; das mögen die Kellner nicht sehr.

Herr Best ist Geschäftsmann. Auch in den Ferien muß er sehr oft mit seiner Firma telefonieren. Er hat das beste Zimmer im Hotel mit einer schönen Aussicht auf einen ruhigen Park. Er ißt immer sehr reichlich im Restaurant. Für guten Service bekommen die Kellner ein gutes Trinkgeld.

Kerstens haben sehr wenig Geld, aber für den niedrigen Preis ist ihr Zimmer relativ bequem. Leider ist es über der Küche; das stört ein bißchen, besonders früh morgens. Kerstens nehmen selten Lunchpakete mit und essen nicht im Restaurant. Das Management sieht das nicht gern. Kerstens telefonieren von ihrem Zimmer aus jeden Abend nach Hause.

Wir möchten gerne Ihre Meinung wissen

Ort: Überlingen/Bodensee   Hotel: Kramerhof

Bitte ankreuzen

a) Das Hotel war   sehr / relativ   ☐ / ☐   ziemlich / gar nicht   ☐ / ☐   komfortabel

b) Das Zimmer war   sehr / relativ / ziemlich   ☐ / ☐   ruhig / laut   ☐ / ☐

c) Ich habe vom Zimmer aus   sehr viel / viel   ☐ / ☐   wenig / überhaupt nicht   ☐ / ☐   telefoniert

d) Ich habe   viele / mehrere / einige   ☐ / ☐   wenige / überhaupt keine   ☐ / ☐   Lunchpakete bestellt

e) Die Bedienung war   die ganze Zeit / die meiste Zeit   ☐ / ☐   gut / schlecht   ☐ / ☐

---

2 Möblierte Wohnung zu vermieten

a You are thinking of renting this flat. What questions will you ask before making up your mind? e.g. **Wieviele Zimmer hat die Wohnung? Wie groß ist das Wohnzimmer?** Work out the answers as well.

b Refer back to page 16 and make up the advertisement for this flat.

c But it's too late. The flat has already been taken! Look back at the interviews in Chapter 12 to find out who bought it.

3 Wochenende in Schweden

a Sie haben am Wochenende einen Ausflug nach Schweden gemacht. Wie sind Sie dorthin gefahren? Wann sind Sie abgefahren? Wie lange hat die Überfahrt gedauert? Was haben Sie an Bord gemacht? Wie waren Sie untergebracht? Was haben Sie in Schweden gemacht? Hat es Ihnen dort gefallen?
Find your answers from this advertisement— don't worry if you can't understand every word.

b Now ask someone else about his trip. Work out more questions and answers.

Mit dem Schiff nach Schweden Frische Meeresluft und viel zum Erleben!

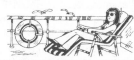

'Wochenendurlaub für alle'
Für junge und ältere Leute, allein oder als Paar.
Für jeden Geschmack ist etwas dabei— bestimmt auch für Sie.

Wälder, Seen, Schlösser, Museen, Glaskunst und Keramik und viele Sportmöglichkeiten, wie Baden, Angeln, Segeln, Tennis, Minigolf usw. Sie können wählen zwischen dreizehn verschiedenen Hotels in elf verschiedenen Städten. Alle Hotels sind erstklassig (alle Zimmer mit Dusche/Bad und WC). Übernachtungen sind von Freitag abend bis Montag morgen möglich.

Freizeit an Bord
Musik und Tanz im Salon, Kennenlernen an der Bar, Spazierengehen auf den Promenaden-Decks und großes Skandinavisches Büfett zu kleinem Preis.

Zollbegünstigtes Einkaufen
Sie können pro Person einkaufen: 5 kg Butter, 200 Zigaretten, 1 l Spirituosen, 250 g Kaffee, 100 g Tee— und vieles andere mehr.
Kommen Sie mit! Vergessen Sie den grauen Alltag!

Abfahrtszeiten

	Travemünde/Trelleborg				
Täglich ganzjährig	**2 Abfahrten** vom 1.1.-13.6. und 15.9.-31.12. montags, dienstags, donnerstags, freitags, sonntags		**3 Abfahrten** vom 1.1.-13.6. und 15.9.-31.12. mittwochs und samstags sowie **täglich** vom 14.6.-14.9.		
ab Travemünde	11.00	23.00	8.00	15.00	23.00
an Trelleborg	18.30	7.00	14.30	22.00	7.00*
ab Trelleborg	11.00	23.00	8.00	15.00	23.00
an Travemünde	18.30	7.00	14.30	22.00	7.00*

---

4 Wo liegt . . . . . ?
Complete the sentences using the words in the box. The map on p. 11 will help you with your answers.

---

am Rhein; südlich von; an der Ostsee; nordwestlich;
am Neckar; in Baden-Württemberg; in der Nähe von;
in Norddeutschland; nicht weit vom Taunus; ganz im Süden;
im Schwarzwald; an der Donau

Woher kommen Sie?	**Wo liegt . . . . ?**
Ich komme aus Kiel.	Es liegt in Schleswig-Holstein . . . . . .
Ich komme aus Stuttgart.	Es liegt . . . . Es ist die Landeshauptstadt.
Ich komme aus Bonn.	Es liegt am Rhein, ungefähr 27 km . . . . Köln.
Ich komme aus Frankfurt.	Es liegt am Main und auch . . . . .
Ich komme aus Heidelberg.	Es ist eine romantische, alte Stadt . . . . . .
Ich komme aus Hamburg.	Es liegt . . . , an der Elbe.
Ich komme aus Köln.	Es liegt . . . . . zwischen Düsseldorf und Bonn.
Ich komme aus München.	Es liegt . . . . . Es ist die Landeshauptstadt von Bayern.
Ich komme aus Augsburg.	Es liegt ungefähr 50 km . . . . von München.
Ich komme aus Freiburg.	Es liegt in Süddeutschland, ...
Ich komme aus Ulm.*	Es liegt . . . . .
Ich komme aus Celle.	Es liegt . . . . . Hannover.

* Die Deutschen sagen: 'In Ulm und um Ulm und um Ulm herum'. Jetzt sechsmal schnell sprechen!

Wissenswertes
Quer durch die Bundesrepublik
Der Norden

In der Lüneburger Heide

Das Land südlich von Nordsee und Ostsee ist flach. Es ist die Norddeutsche Tiefebene. Ihre Landschaft variiert, es gibt Weide- und Ackerland, Moore und Seen, Heide und Wald. Die vier nördlichen Bundesländer— *Schleswig-Holstein, Hamburg, Bremen* und *Niedersachsen* profitieren von der Nähe des Meeres: Hier liegen die Seebäder und die Seehäfen der BRD. Norddeutschland ist ein wichtiges Agrargebiet; Niedersachsen hat aber auch Eisenerz, Öl und Gas. Der Mittellandkanal verbindet die Industriestädte Hannover, Wolfsburg, Braunschweig mit der 'Insel' Westberlin und mit dem Ruhrgebiet, dem industriellen Herzen Westdeutschlands.

Die Mitte

Im Ruhrgebiet

Im Ruhrgebiet sind 90 Prozent der westdeutschen Kohlengruben und 70 Prozent aller Stahlwerke. Hier gibt es Ölraffinerien und große chemische Fabriken. Das Bundesland ist *Nordrhein-Westfalen*, ein Land der Superlative; es hat die meisten Menschen, die meisten Städte, die meiste Industrie; und es hat die wichtigste Wasserstraße: den Rhein. Es ist auch ein Land der Kontraste—mit viel Smog und grünen Lungen; die Kurorte des Sauerlands und der Eifel sind nicht weit.

Mit Sauerland und Eifel beginnt das Deutsche Mittelgebirge. Im Westen schneiden der Rhein und seine Nebenflüsse in das Gebirge. Hier, an den Hängen von Rhein, Ahr, Mosel und Nahe, wachsen namhafte Weine; auch die Weine der Weinstraße am Fuß des Pfälzer Berglands sind berühmt. Das Weinland *Rheinland-Pfalz* ist eines der schönsten Bundesländer.

Weinbau in Baden-Württemberg

Das *Saarland*, südwestlich von Rheinland-Pfalz, ist ein kleineres 'Ruhrgebiet' mit Kohle, Eisen- und Stahlindustrie. Ein wichtiges Industriezentrum ist auch das Rhein-Main-Gebiet. Im Mittelpunkt liegt Frankfurt, die Metropole des Landes *Hessen* mit dem größten Bahnhof und Flugplatz der BRD.

Der Süden

Baden-Württemberg ist der Garten der Bundesrepublik—mit viel Obst- und Weinbau. Zwischen Rhein und Schwarzwald ist die wärmste Region Westdeutschlands und der Frühling hier ist eine Reise wert. Um die Hauptstadt Stuttgart konzentriert sich die Automobilindustrie der BRD. Das Land *Bayern* produziert Motoren, Autos, Maschinen, Textilien, Glas, Porzellan, Käse—und natürlich Bier! Und das gute Bier und die Alpen 'produzieren' viele Touristen. München mit seinem Kulturleben ist für viele Deutsche die Hauptstadt der Bundesrepublik.

For a map of Germany see page 11.

Weide- und Ackerland	pastures and arable land	an den Hängen	on the slopes
Eisenerz	iron ore	namhafte	reliable
Kohlengruben	coal mines	eine Reise wert	worth a journey

Wie sieht er aus?

Describing people

1

Peter Wodilla ist meist gut gelaunt, aber er haßt Krawatten

Liane	Frau Wodilla, was für ein Mensch ist Ihr Mann?
Frau Wodilla	Mein Mann ist ein ruhiger Mensch. Er ist meist gut gelaunt und kommt mit seinen Kollegen sehr gut zurecht. Am meisten liebe ich seine Zuverlässigkeit.
Liane	Wie sieht er aus?
Frau Wodilla	Er ist mittelgroß, etwa 1,76 Meter, schlank, er hat ein breites Gesicht, er hat rote Haare und einen Bart. Seine Augen sind graugrün.

Peter und Reini Wodilla

Liane	Welche Farben trägt er am liebsten?
Frau Wodilla	Er trägt gerne helle Farben: Grün, Rot oder Blau.
Liane	Und welche Kleidung trägt er am liebsten?
Frau Wodilla	Er trägt am liebsten Freizeitkleidung— Hemd und Hose oder einen Pullover. Er haßt Krawatten.

wie sieht er aus?	what does he look like?
kommt . . . gut zurecht	gets along . . . well

2*

Erhard Hoffmanns Frau sieht sehr gut aus. Er hat einen kleinen Sohn

Michael	Herr Hoffmann, könnten Sie mal Ihre Frau beschreiben? Wie sieht die* aus?
Herr Hoffmann	Ja. Meine Frau heißt Gabriele, ist 29 Jahre alt, blond, sehr zierlich, sieht sehr gut aus . . .
Michael	Natürlich.
Herr Hoffmann	. . . aber das ist eine Geschmackssache, natürlich. Sie ist etwas kleiner als ich. Sie trägt sehr gerne modische Sachen. Sie ist nicht nur Hausfrau, sie arbeitet auch als Lehrerin.
Michael	Und Ihr Sohn, wie sieht er aus? Ist er auch blond?

Familie Hoffmann

Herr Hoffmann	Mein Sohn— Philipp heißt er— ist hellblond und sieht sehr niedlich aus. Er ist sehr braun, er ist schlank, auf jeden Fall nicht so dick wie viele kleine Kinder. Er ist sehr aktiv, und das Allerschönste ist, er ist fast immer ausgesprochen freundlich.

etwas kleiner als ich	a bit shorter than me
das Allerschönste ist	the nicest thing is

* *die* is very colloquial—more correct would be *sie*.

45

3*

Hilmar Eßer kommt mit seinen Kollegen gut aus – nur einen kann er nicht leiden

Michael   Herr Eßer, was sind Sie von Beruf?

Herr Eßer   Von Beruf bin ich Flugleiter.

Michael   Wo arbeiten Sie da?

Herr Eßer   Man arbeitet normalerweise an einem Flugplatz in einem Radarraum. In dem Raum arbeiten mindestens acht bis zwölf Leute.

Michael   Wie kommen Sie mit Ihren Kollegen aus?

Herr Eßer   Normalerweise kommt man mit den Kollegen sehr gut aus. Es gibt aber einen Kollegen, den kann ich nicht leiden.

Michael   Warum nicht?

Herr Eßer   Er ist ein eigenartiger Mensch. Er ist sehr groß, 1,85 Meter, vielleicht etwas größer, vielleicht 1,90 Meter. Er ist sehr schlank, fast dünn, hat ein schmales Gesicht, blaue Augen und blonde Haare. Das ist nicht schlecht, er sieht ganz nett aus, aber sein Charakter ist nicht sehr gut. Er ist sehr unzuverlässig. Wenn es schwierig wird bei der Arbeit, dann fängt er rechtzeitig an zu schreien und sagt, er muß unbedingt auf die Toilette gehen.

wie kommen Sie mit . . . aus?	how do you get on with . . . ?
die nicht so sehr nett sind	who aren't all that nice
wenn es schwierig wird bei der Arbeit	if the work starts to get difficult
fängt er an zu schreien	he starts to make a fuss

4*

Jochen Tschörtner – ein humorvoller Mensch mit vielen Hobbys

Frau Praßer   Wir haben einen Bekannten. Er heißt Jochen Tschörtner und ist 32 Jahre alt. Er ist ungefähr 1,85 Meter groß und von Beruf ist er Apotheker. Er ist sehr humorvoll, etwas nervös und oft linkisch. Er ist sehr modern gekleidet, hat sehr revolutionäre Ansichten. Jochen ist ein sehr interessanter Menschentyp. Er hat ungefähr zwei Jahre Orchideen studiert, sie gesammelt. Danach war es die Photographie, und das ist

Jochen Tschörtner

eigentlich immer noch sein Hobby, aber vor allen Dingen liebt er klassische Musik. Wenn man zu ihnen ins Wohnzimmer hineinkommt, sieht man sofort die Stereoanlage, denn Jochen und Christa, beide, hören sehr gern Musik. Wenn man Jochen zum ersten Mal trifft, denkt man, er liebt nur moderne Musik und Jazz. Das ist aber nicht so. Er liebt klassische Musik. Jochen hat eine reiche Schallplattensammlung. Er hört am liebsten Schubert, Haydn und vor allem Brahms.

wenn man zu ihnen ins Wohnzimmer hineinkommt	when you go into their living-room
wenn man Jochen trifft	when you meet Jochen

Hören und Verstehen

Bei Herrn Dr. Wirth von der Hamburger Brahmsgesellschaft: Johannes Brahms ist in Hamburg

Johannes Brahms

geboren und in Wien gestorben. Er war mittelgroß, blond und blauäugig. In späteren Jahren hatte er einen imposanten Bart. Als junger Pianist hat er sich mit Tanzmusik Geld verdient. Sein Vater war auch Musiker. Brahms hat seine Mutter sehr geliebt und nach ihrem Tod *Ein deutsches Requiem* für sie komponiert. Seine Musik machte ihn zum reichen Mann.

Hans-Joachim	Herr Dr. Wirth, wann ist Brahms geboren?
Dr. Wirth	Johannes Brahms ist am 7. Mai 1833 in Hamburg geboren und am 3. April 1897 in Wien gestorben.
Hans-Joachim	Wie hat Johannes Brahms ausgesehen?
Dr. Wirth	Johannes Brahms ist etwa mittelgroß gewesen, ungefähr 1,70 Meter groß, etwas untersetzt – also etwas breit – und hatte blaue Augen und blondes Haar. . . .
Hans-Joachim	Und hatte auch einen Bart. . . .
Dr. Wirth	Ja, er hatte einen, aber erst etwa seit 1879. Er hat dazu gesagt: "Ich will nicht aussehen wie ein Schauspieler oder ein Pfaffe."
Hans-Joachim	Was für ein Mensch war Johannes Brahms?
Dr. Wirth	Das ist nicht leicht zu sagen. Er war sehr bescheiden, aber auch sehr selbstbewußt. Er wußte, was er konnte.
Hans-Joachim	Hat er auch selbst ein Instrument gespielt?
Dr. Wirth	Brahms ist ein ausgezeichneter Pianist gewesen. Als junger Mann hat er zum Tanz aufgespielt und bekam dafür auch ein Honorar. In Hamburg sagte man: 'Een Daler un duun', das heißt einen Taler und soviel Bier, wie er trinken wollte oder konnte.
Hans-Joachim	Wie lange hat er in Hamburg gelebt?
Dr. Wirth	Er hat in Hamburg ungefähr dreißig Jahre gelebt und ist dann nach Wien gegangen.
Hans-Joachim	Ist er später noch öfter nach Hamburg zurückgekommen?
Dr. Wirth	Ja, häufiger.
Hans-Joachim	Wer waren seine Eltern?
Dr. Wirth	Sein Vater war Kontrabaßspieler und wurde in seinen späteren Lebensjahren Mitglied der Hamburgischen Philharmonie. Vater Brahms ist ein origineller Kauz gewesen. Er hat auch über sein Musizieren manche Witze gesagt*, zum Beispiel: 'Ein reiner Ton auf dem Kontrabaß ist ein reiner Zufall'. Seine Mutter war eine sehr kluge und gute Frau, die viele Jahre älter als ihr Mann war. Brahms hat seine Mutter sehr geliebt und ihrem Andenken auch sein größtes Chorwerk gewidmet, das *deutsche Requiem*.
Hans-Joachim	Hat er auch bekannte Stücke in Hamburg geschrieben?
Dr. Wirth	O ja, eine ganze Menge, darunter das große Klavierkonzert d-Moll, Opus 15.

* He obviously meant to say: *Witze gemacht.*

| Hans-Joachim | Hat man seine Arbeit als Komponist anerkannt? |
| Dr. Wirth | O ja, man hat! Nach heutigem Geldwert kann man sagen, daß Brahms ein Millionär gewesen ist. |

Überblick

Wie sieht	Ihr Mann, Kollege Ihre Frau, Kollegin er, sie	aus?

Er Sie	sieht	ganz sehr	gut nett	aus

Er Sie	ist	schlank zierlich dick klein mittelgroß, (etwa 1,76 m) sehr groß, (vielleicht 1,85 m) blond dunkel

Er Sie	hat	eine große Nase ein schmales Gesicht

		braune	Haare Augen

Sie sieht sehr niedlich aus
Er hat einen langen Bart

Was Was für Kleidung	trägt	er sie	gern? am liebsten?

Er Sie	trägt	gerne am liebsten	Grün dunkle modische Freizeitkleidung	Farben Sachen

Was für ein Mensch ist	er? sie?

Er Sie	ist ein	ruhiger eigenartiger interessanter	Mensch

Er Sie	ist	meistens immer oft	gut gelaunt, schlecht gelaunt zuverlässig, unzuverlässig freundlich, unfreundlich humorvoll, humorlos linkisch nervös aktiv

Wie kommt er mit	seinen Kollegen ihm ihr	aus?

Er kommt	gut nicht gut	mit	ihnen ihm ihr	aus

You might also like to talk about jobs (see *Wegweiser* Book 1 pages 10 and 20) and hobbies (see *Wegweiser* Book 1 pages 11, 20 and 72, 73).

Übungen

1 Liebe macht blind

a Your daughter's latest boyfriend seems too good to be true. What did you ask her about him?

.... ? Er ist sehr groß, er hat blonde Haare und interessante blaue Augen. Er hat ein sehr freundliches Gesicht.

.... ? Er ist gutgelaunt, zuverlässig und sehr humorvoll.

.... ? Er kommt mit anderen Leuten sehr gut aus.

.... ? In seiner Freizeit spielt er Gitarre in einem Folkklub. Damit verdient er sich sein Taschengeld.

b Then you meet him! To you he's just a fat, red-haired youth with small grey-green eyes and a broad face, who is often bad-tempered, unreliable and lacking in humour. He's nobody's friend! He plays in a pop group and drinks too much beer. How do you answer when you are asked the same questions about him?

2 Wie sieht er aus?

You have been asked to help with identikit pictures. What do you say?

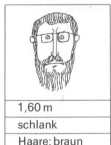

z.B. Er ist klein, etwa 1,60 m, schlank und ungefähr 30 Jahre alt. Er trägt eine Brille. Er hat kleine, hellblaue Augen, kurze, braune Haare, ein schmales Gesicht und eine sehr lange Nase. Er hat einen großen Mund, und einen langen Bart. Er sieht aggressiv aus.

1,60 m
schlank
Haare: braun
Augen: hellblau

1,80 m
dick
Haare: blond
Augen: dunkelblau

1,55 m
schlank
Haare: grau
Augen: braun

1,70 m
normal gebaut
Haare: schwarz
Augen: graugrün

3 Er ist ein eigenartiger Mensch

There's something wrong here! Which halves of these sentences belong together?

A	Er ist *eine lange Nase.*	1
B	Von Beruf ist er *eine Tageszeitung.*	2
C	Seine Haare sind *hellblau.*	3
D	Er ißt gern *Krawatten.*	4
E	Er trägt gern *Philipp.*	5
F	Er haßt *Flugleiter.*	6
G	Seine Augen sind *blond.*	7
H	Er hat *Fisch.*	8
I	Er liest jeden Tag *Freizeitkleidung.*	9
J	Er heißt *ein eigenartiger Mensch.*	10

A	10

4 Was für ein Mensch ist er?

A young lady is looking for a young man through a computer dating agency. This is the form she filled in. The ticks in the first column (S = Sie) show what she is like herself, the ticks in the second column (P = Partner/Partnerin) how she envisages her ideal partner.

a Describe the young lady and her ideal partner.

b Fill in the form as it applies to you and your ideal partner— and then describe yourself and him or her. Give all the extra details you can.

c Now fill in the form on behalf of people you know.

UNSER COMPUTER FINDET FÜR SIE DEN IDEALEN PARTNER/DIE IDEALE PARTNERIN											
GRÖSSE	S	P	**HAARE**	S	P	**AUGEN**	S	P	**CHARAKTER**	S	P
klein (unter 1,60 m)	✓		blond			braun	✓		meistens:		
mittelgroß (unter 1,75 m)		✓	schwarz		✓	grün			gutgelaunt	✓	
groß (über 1,75 m)			rot			graugrün		✓	freundlich	✓	✓
KLEIDUNG			braun	✓		blau			humorvoll	✓	✓
modisch			grau			Brille	✓	✓	zufrieden		✓
konservativ	✓	✓	weiß			**FIGUR**			zuverlässig	✓	✓
gut			kurz	✓	✓	schlank		✓	resolut		✓
teuer			lang			dick			sehr aktiv		✓
dunkle Sachen		✓	Bart		✓	normal gebaut	✓		sportlich	✓	
helle Sachen	✓		**Sind Sie?**				manchmal	oft		niemals	
AUSSEHEN			schlechtgelaunt				✓				
sehr attraktiv			unfreundlich							✓	
ziemlich attraktiv	✓	✓	humorlos								
hat Charme			unzufrieden				✓				
FAMILIENSTAND			unzuverlässig							✓	
ledig		✓	linkisch								
verwitwet			traurig								
geschieden	✓		aggressiv							✓	

S = Sie   P = Partner/Partnerin

Wissenswertes

Partnersuche in der BRD

Diese Anzeige ist aus einer Wochenzeitung. Sie hat 140,97 DM gekostet. Jede Woche erscheinen Hunderte solcher Anzeigen in westdeutschen Zeitungen– unter HEIRATEN. Frauen charakterisieren sich als *blond, Jeans-Typ aber nicht überemanzipiert, temperament-voll, anglophil.* Männer sind oft *schlank, nicht total unsportlich, introvertiert aber weltoffen, nicht ganz arm, manchmal gern romantisch.*

Heiraten 1972: 414.000
Scheidungen: 80.444

Der bundesdeutsche Mann heiratet zum ersten Mal mit 28,3 Jahren und die bundesdeutsche Frau mit 24,9 Jahren. Jeder siebte Bundesbürger heiratet heute mit der Hilfe eines Eheanbahnungsinstituts, eines Computer Service oder einer Heiratsanzeige.

Warum ist das so?

Die Heiratsexperten sagen:
+ Das Leben isoliert die Menschen immer mehr, sie haben keine Kontaktmöglichkeiten.
+ Sie haben auch keine Zeit für soziale Kontakte, außer vielleicht im Urlaub.
+ Viele Menschen sehen das und sind realistisch. Sie warten nicht auf das große Glück. Sie 'machen' sich ihr Glück.

Es gibt zirka 200 Eheanbahnungsinstitute in der BRD

Eines der bekannteren Institute hat achttausend Klienten, vor allem Akademiker. Es hat Filialen in mehreren Städten und arbeitet auch in der Schweiz und in Österreich. Die Koproduktion mit Großbritannien ist noch ein Traum. Aber viele Deutsche annoncieren heute schon auf englisch.

Aber ein deutscher Ehepartner kostet Zeit und Geld

Das Institut nimmt zwischen 800 DM und 2.500 DM. Nach einem Kontaktgespräch und einem Persönlichkeitstest bekommt man eine Liste potentieller Partner, und dann beginnt die Elimination: Die Partner korrespondieren und arrangieren Treffen, vielleicht auch einen Kurzurlaub. Und der kostet auch ein bißchen Geld!

Resultate

Der *erste* Partner ist selten gleich der richtige. Meistens ist der *achte* oder *zehnte* Partner der richtige. Manche Menschen sind auch mit Partner Nummer 20 noch nicht glücklich. Die Partnersuche dauert ein bis zwei Jahre. Wer in vier Jahren kein Glück hat, ist 'problematisch'.

Anzeige	advertisement	warten auf	wait for
erscheinen	appear	Glück	happiness
Scheidungen	divorces	Filialen	branches
Eheanbahnungsinstitute	marriage bureaus	renommiert	well-known
		Akademiker	graduates
außer	except	ein Ehepartner	a marriage partner

51

 # Was ist Ihre Meinung?

Expressing your opinion

In the last few years many firms in Germany have introduced flexible working hours— *gleitende Arbeitszeit.* Hans-Joachim asked some people at a firm in Hamburg for their opinions.

1*

Frau Ehlers findet, daß die gleitende Arbeitszeit für sie und für ihren Mann große Vorteile bringt.

Hans-Joachim	Frau Ehlers, was ist Ihr Beruf?
Frau Ehlers	Ich bin Mitarbeiterin in der Public-Relations-Abteilung.
Hans-Joachim	Und wann sind Sie heute morgen zur Arbeit gekommen?
Frau Ehlers	Um 8 Uhr.
Hans-Joachim	Kommen Sie immer zur selben Zeit?
Frau Ehlers	Ich komme eigentlich immer zur gleichen Zeit, da ich mit meinem Mann zur Arbeit fahre.
Hans-Joachim	Und was halten Sie von der gleitenden Arbeitszeit?
Frau Ehlers	Meiner Meinung nach bringt die gleitende Arbeitszeit nur Vorteile.
Hans-Joachim	Was, glauben Sie, sind diese Vorteile?
Frau Ehlers	Ich kann mir meine Freizeit gut gestalten. Ich finde auch, daß es gerade für eine berufstätige Hausfrau, wie ich es bin, große Vorteile bringt, wenn man nachmittags das Geschäft eher verlassen kann, um Einkäufe zu machen.
Hans Joachim	Was hält Ihr Mann von der gleitenden Arbeitszeit?
Frau Ehlers	Ich glaube, auch für meinen Mann bringt es Vorteile; denn früher mußte er mehr im Haushalt helfen.

Frau Ehlers

zur selben/gleichen Zeit	at the same time
da ich mit meinem Mann zur Arbeit fahre	as I drive to work with my husband
was halten Sie von . . .?	what do you think of . . .?
meiner Meinung nach	in my opinion
ich kann mir meine Freizeit gut gestalten	it's easy for me to plan my spare time
wie ich es bin	like me
im Haushalt helfen	help with the housework

2

Auch Herr von Kries glaubt, daß die gleitende Arbeitszeit große Vorteile hat: Er muß morgens nicht immer zur selben Zeit anfangen.

Hans-Joachim	Herr von Kries, was ist Ihre Aufgabe hier?
Herr von Kries	Ich bin Leiter des Beratungsdienstes.
Hans-Joachim	Und wann sind Sie heute morgen zur Arbeit gekommen?
Herr von Kries	Ich bin um zwanzig vor acht gekommen.
Hans-Joachim	Kommen Sie immer um diese Zeit?
Herr von Kries	Nein, ich komme manchmal um zwanzig nach acht, manchmal um halb neun, manchmal um Viertel vor neun.
Hans-Joachim	Was halten Sie von der gleitenden Arbeitszeit?
Herr von Kries	Ich glaube, daß sie große Vorteile hat.
Hans-Joachim	Zum Beispiel?
Herr von Kries	Man hat eine gewisse Freiheit. Man kann die Anfangszeit und die Endzeit seiner Arbeit selber bestimmen.
Hans-Joachim	Glauben Sie, daß die gleitende Arbeitszeit auch Nachteile bringt?
Herr von Kries	Ich glaube nicht, wenn die Organisation des Betriebes stimmt.

Leiter des Beratungsdienstes	head of the advisory service
wenn die Organisation des Betriebes stimmt	if the firm is well-organised

3*

Und auch Herr Schümann glaubt, daß er durch die gleitende Arbeitszeit mehr Freiheit hat.

Hans-Joachim	Herr Schümann, welche Aufgabe haben Sie hier?
Herr Schümann	Ich bin Public-Relations-Officer.
Hans-Joachim	Wann sind Sie heute morgen zur Arbeit gekommen?
Herr Schümann	Ich bin um halb neun gekommen.
Hans-Joachim	Kommen Sie immer um diese Zeit?
Herr Schümann	Normalerweise ja.
Hans-Joachim	Was, glauben Sie, sind die Vorteile der gleitenden Arbeitszeit?
Herr Schümann	Ich meine, daß ich mehr Freiheit habe dadurch.

Herr Schümann

Hans-Joachim	Haben Sie auch schon eine Zeitgutschrift?
Herr Schümann	Nein, ich bin ständig im Minus auf dem Gleitzeitjournal*.
Hans-Joachim	Wie kommt das?
Herr Schümann	Ich glaube, daß ich vielleicht zu wenig arbeite.
Hans-Joachim	Glauben Sie, daß die Gleitzeit auch Nachteile hat?
Herr Schümann	Ja, ich glaube, daß die Gleitzeit auch Nachteile hat, und zwar dann, wenn ich vergesse, das Gerät zu bedienen, oder zum Beispiel wenn ich eine falsche Taste drücke.

eine Zeitgutschrift	any credit time
ich bin ständig im Minus	I always have a minus total
das Gerät zu bedienen	to clock in/out
wenn ich eine falsche Taste drücke	if I press a wrong button

* day-by-day record of employees' working hours, showing how much working time they owe the firm or how much free time is due to them.

Hören und Verstehen

Harry Eisenblaetter arbeitet bei *Lever Sunlicht* in Hamburg:

Herr Eisenblaetter

Gleitende Arbeitszeit heißt: Beginn und Ende der Arbeit können individuell variieren. In der *Kernzeit* müssen alle Angestellten am Arbeitsplatz sein. Man kann auch mehr arbeiten und Freizeit 'sparen'. Und man kann auch bis zu zehn Stunden freie Zeit auf Kredit bekommen. Die Firma hat zuerst ein halbes Jahr mit der Gleitzeit experimentiert, dann waren 94 Prozent der Angestellten dafür. Auch die Direktoren arbeiten so.

Hans-Joachim	Herr Eisenblaetter, was bedeutet das eigentlich 'gleitende Arbeitszeit'?
Herr Eisenblaetter	Jeder unserer Mitarbeiter kann Anfang und Ende seiner Arbeitszeit selber bestimmen.
Hans-Joachim	Wann kann man morgens kommen?
Herr Eisenblaetter	Zwischen sieben und neun Uhr.
Hans-Joachim	Und ab wann kann man dann gehen?
Herr Eisenblaetter	Ab Viertel vor vier bis halb sieben.
Hans-Joachim	Gibt es eine Zeit, in der jeder im Hause sein muß?
Herr Eisenblaetter	Ja, zwischen neun Uhr und Viertel vor vier – nämlich sechs Stunden mit einer kurzen Mittagspause. Das ist die sogenannte Kernzeit. Jeder darf auch längstens zehn Stunden am Tag arbeiten.
Hans-Joachim	Gibt es dort Ausnahmen, zum Beispiel wenn schönes Wetter ist?
Herr Eisenblaetter	Ja, jeder Mitarbeiter kann pro Monat zehn Stunden Zeitguthaben ansammeln, um dann später an einigen Tagen seine Arbeitszeit früher zu beenden. Andererseits kann aber auch jeder bis zu zehn Stunden ins Minus gehen.
Hans-Joachim	Haben Sie Erfahrungen, wieviele Leute früh oder spät kommen?
Herr Eisenblaetter	Ja, wir haben eine Analyse durchgeführt und dabei festgestellt, daß ungefähr 40 Prozent morgens um sieben Uhr anfangen, 40 Prozent ungefähr um neun Uhr, und der Rest spielt mit der Gleitzeit.
Hans-Joachim	Hat es Schwierigkeiten gegeben, als Sie dieses System eingeführt haben?
Herr Eisenblaetter	Nein, wir haben zunächst einmal die Gleitzeit für ein halbes Jahr auf Probe eingeführt, dann konnten alle Mitarbeiter abstimmen, und das Abstimmungsergebnis war, daß mehr als 94 Prozent aller Angehörigen sich für die Gleitzeit ausgesprochen haben.
Hans-Joachim	Haben Sie auch schlechte Erfahrungen mit der Gleitzeit gemacht?
Herr Eisenblaetter	Nein, kann ich nicht sagen.
Hans-Joachim	Gilt die Gleitzeit vom Direktor bis zum Lehrling?
Herr Eisenblaetter	Ja, auch die Geschäftsleitung muß ihre Zeiten erfassen lassen.
Hans-Joachim	Gibt es hier in Hamburg viele Firmen, die mit gleitender Arbeitszeit arbeiten?
Herr Eisenblaetter	Die genaue Zahl kann ich leider nicht nennen. Ich schätze aber ungefähr vierhundert Firmen, die eine gleitende Arbeitszeit haben.*

* The complete sentence would have been: *Ich schätze aber, es sind ungefähr vierhundert Firmen, die . . .*

Überblick

If you want to know someone's opinion, you can ask:

Was halten Sie	von	der	gleitenden Arbeitszeit?	(die Arbeitszeit)
		den	vielen Streiks?	(die Streiks *pl.*)
	vom*		neuen Chef?	(der Chef)
			heutigen Großstadtleben?	(das Leben)

* vom = von dem

He might reply:

Meiner Meinung nach	ist sie eine gute Arbeitsmethode
	bringen sie nur Nachteile
	hat er keinen Humor
	ist es viel zu hektisch

You can also ask:

Glauben Sie, daß	die gleitende Arbeitszeit Nachteile **hat?**
	er heute abend **anruft?**

Meinen Sie, daß wir zwei Kinderzimmer **brauchen?**
Finden Sie, daß es in Hamburg zu viele Autos **gibt?**

Nein, **ich glaube, daß**	sie nur Vorteile **bringt**
	er morgen **anruft**

Nein, **ich meine, daß** Sie nur ein Kinderzimmer **brauchen**
Ja, **ich finde, daß** es in Hamburg viel zu viele Autos **gibt**

Notice that after **daß** the verb is at the end of the sentence (The verb also comes at the end of the sentence after **wenn** and **da,** e.g. **wenn** ich das Geschäft **verlasse**).

But you could also omit *daß* and say:

Ich glaube, sie **bringt** nur Vorteile
Ich glaube, er **ruft** morgen **an**
Ich meine, Sie **brauchen** nur ein Kinderzimmer
Ich finde, es **gibt** in Hamburg zu viele Autos

Glauben, meinen or **finden?**

In everyday speech these are often interchangeable but to help you choose, you use:

glauben if you believe something to be true but are not completely certain.
e.g. ich glaube, der Zug kommt um 10 Uhr an.

meinen to express your opinion.
e.g. ich meine, daß man durch die Gleitzeit mehr Freiheit hat.

finden to give a personal impression.
e.g. ich finde, ihr Mann ist sehr humorlos.

For other ways of expressing your opinion see *Wegweiser* Book 1, page 49.

Übungen

1 Das Interview

Herr Klemke is being interviewed for an important new job. What will each member of the panel say about him?

Fräulein Borg:	Ich finde, daß er ....
Herr Schmidt:	....
Herr Kroll:	....
Herr Beck:	....
Fräulein Masch:	....

And what is Herr Klemke's impression of the panel?

....

2 Wie sich die Zeiten ändern!

A conversation with an old friend turns to Thomas, a mutual acquaintance from your younger days. What news do you have of him?

Wohnt er immer noch in Düsseldorf?	Nein, ich glaube, daß er jetzt in München wohnt.
Ist er immer noch ledig?	(verheiratet) ....
Was, Thomas verheiratet! Hat er schon Kinder?	(zwei) ....
Wie alt sind die Kinder denn?	(zwei und drei Jahre alt) ....
Und wie sieht seine Frau aus?	(sehr attraktiv) ....
Wo arbeitet er jetzt?	(bei einem großen Chemiekonzern) ....
Dann fährt er bestimmt den alten VW nicht mehr.	(einen dicken Mercedes)................................
Hat er immer noch lange Haare?	(kurze Haare keinen Bart mehr trägt eine Brille) ....
Na, den Thomas erkennt man ja kaum wieder!	Nein, das stimmt!

3 Kommen Sie immer zur gleichen Zeit?

a You've been talking to Frau Ehlers about her working hours. What did you ask? (If necessary refer back to dialogue 1, on page 52)

.... ?

Ich bin heute morgen um 8 zur Arbeit gekommen.

.... ?

Ja, ich komme immer zur gleichen Zeit.

.... ?

Meiner Meinung nach bringt die gleitende Arbeitszeit nur Vorteile.

.... ?

Ich kann zum Beispiel eher nach Hause gehen, um Einkäufe zu machen.

.... ?

Nein, ich glaube, daß die gleitende Arbeitszeit keine Nachteile hat.

.... ?

Mein Mann glaubt auch, daß sie Vorteile bringt; denn früher mußte er mehr im Haushalt helfen.

b Now ask Herr von Kries and Herr Schümann the first five questions and work out their answers. If there are two of you take turns at asking and answering the questions.

4 Was meinen Sie?

a Now here's a chance to air your own opinions. Don't be too ambitious! One simple sentence is enough. Begin each answer with **ich finde, ich glaube, ich meine** or **meiner Meinung nach**.

Useful words:	ausgezeichnet	gut	laut	schwierig
	eine gute Idee	informativ	leicht	teuer
	gesund	interessant	nicht gut	wichtig etc.

Finden Sie, daß Deutsch schwer ist?
Was halten Sie von *Wegweiser*?
Glauben Sie, daß es wichtig ist, ein Radio zu haben?
Was halten Sie von Popmusik?
Was halten Sie von den Sportsendungen im Fernsehen?
Was halten Sie von 'Trimm Dich'?
Finden Sie, daß Sie zu viel arbeiten?
Glauben Sie, daß vierzehn Tage Urlaub im Jahr genug ist?
Meinen Sie, daß die EWG Vorteile bringt?
Glauben Sie, daß es den typischen Deutschen gibt?

b If there are two of you, ask each other the questions. Then, if you can, make up more questions to find out your partner's views on other topics.

Wissenswertes

Arbeitszeit in der BRD

In England ist Morgen, wenn in der Bundesrepublik fast Mittag ist! Auf deutschen Ämtern und Behörden arbeitet das Personal ab halb acht. Mit vielen Büros und Firmen kann man schon um acht telefonieren. Auch die Schule beginnt gegen acht, und viele Ärzte haben um diese Zeit schon Sprechstunde. Zwischen sieben und neun machen die Geschäfte auf. Auch der Feierabend beginnt früher als der britische. Zwischen 16 und 17 Uhr sind die meisten Angestellten auf dem Weg nach Hause. Oder sie kaufen ein: Die Geschäfte schließen um 18.30 Uhr. Dann ist Fernsehzeit. Pantoffeln her, und 'n Bier!

ÖFFNUNGSZEITEN	
November bis Februar :	8 - 17 Uhr
März und Oktober :	8 - 18 Uhr
April bis September :	8 - 19 Uhr

Aufstehen, wann man will

In vielen Firmen und Büros gibt es die *gleitende Arbeitszeit*. Beginn und Ende der Arbeit sind flexibel. Fräulein X steht gern früh auf und kommt abends gern früh nach Hause: Sie geht sehr früh ins Büro. Herr Y steht gern spät auf und arbeitet abends gern länger: Er fängt morgens später an. Aber: In der 'Kernzeit' von neun bis gegen vier müssen alle Angestellten da sein.

Jede dritte Firma hat gleitende Arbeitszeit

Die Angestellten fühlen sich freier, und auch die Firmen profitieren von der Gleitzeit. Die *Messerschmitt*-Werke bei München haben früher jeden Morgen 20 Minuten verloren: 3000 Angestellte mußten ihre Wagen parken. Heute gibt es keine Wartezeiten mehr – nicht auf den Parkplätzen, nicht vor den Lifts, nicht in den Toiletten. Und auch die Kantinen sind nicht punkt halb zwölf voll: Die Mittagspause ist auch flexibel; es gibt saubere Gabeln für alle.

LÖHNE
Stundenlöhne der Industrie-Arbeiter 1973 in Mark nach Kaufkraft

DÄNEMARK	12,69
LUXEMBURG	9,92
BUNDESREPUBLIK	8,06
BELGIEN	7,83
NIEDERLANDE	7,32
GROSSBRITANNIEN	
FRANKREICH	6,14
IRLAND	5,79
ITALIEN	5,64

DER SPIEGEL

STREIK
Durch Streik ausgefallene Arbeitstage 1974

USA	48 000 000
ITALIEN	16 952 250
GROSSBRITANNIEN	14 740 000
JAPAN *	8 454 274
FRANKREICH *	3 270 800
BUNDESREPUBLIK	1 051 290
BELGIEN	578 289

*Japan bis Oktober *Frankreich bis November

Fünf Tage arbeiten

Der Bundesbürger arbeitet fünf Tage in der Woche – wie sein britischer Kollege. Und wie sein britischer Kollege arbeitet er im Durchschnitt 43 Stunden in der Woche. Aber: In dieser Zeit verdient er mehr und streikt weniger.

Und nach der Arbeit das Vergnügen

Der Bundesbürger hat auch mehr Feiertage und Urlaubstage als sein britischer Kollege. Er wandert, schwimmt, faulenzt im Durchschnitt 16 Tage mehr. Und er bekommt auch mehr Urlaubsgeld. Die *gleitende Ferienzeit* in der BRD macht das Verreisen etwas leichter. In jedem Bundesland beginnen und enden die Schulferien zu einem anderen Zeitpunkt. So geht es auf der Autobahn ein bißchen schneller, und an der Sonne ist mehr Platz!

Land	Sommerferien 1976	
	von	bis
Baden-Württemberg	1.7.	14.8.
Bayern	29.7.	15.9.
Berlin	24.6.	7.8.
Bremen	24.6.	7.8.
Hamburg	21.6.	31.7.
Hessen	17.6.	31.7.
Niedersachsen	24.6.	4.8.
Nordrhein-Westfalen	15.7.	28.8.
Rheinland-Pfalz	29.7.	8.9.
Saarland	29.7.	11.9.
Schleswig-Holstein	18.6.	2.8.

auf Ämtern und Behörden	in government offices	das Vergnügen	pleasure
Pantoffeln her!	give me my slippers!	Feiertage	public holidays
saubere Gabeln	clean forks	das Verreisen	going on holiday

18 Welche Zeitungen lesen Sie?

Talking about the newspapers you read

1*

Frau Wodilla liest zwei Tageszeitungen und drei Zeitschriften

Liane	Frau Wodilla, welche Zeitungen lesen Sie?
Frau Wodilla	Ich lese die *BNN*. *BNN* heißt *Badische Neueste Nachrichten*.
Liane	Was ist das für eine Zeitung?
Frau Wodilla	Es ist eine kleinere Zeitung. Sie erscheint nur im Raum Baden-Württemberg.
Liane	Welche Zeitung lesen Sie, um politisch informiert zu sein?
Frau Wodilla	Dazu lese ich die *Süddeutsche Zeitung*.
Liane	Wo erscheint diese Zeitung?
Frau Wodilla	Sie erscheint in München, aber man kann sie in ganz Deutschland kaufen.
Liane	Und wo kaufen Sie diese Zeitungen?
Frau Wodilla	Die Zeitungen kommen mit der Post ins Haus.
Liane	Frau Wodilla, lesen Sie auch Zeitschriften?
Frau Wodilla	Ich lese den *Spiegel*, den *Stern* und die *Brigitte*. Die *Brigitte* ist eine Frauenzeitschrift. Sie berichtet über Mode, Kosmetik, außerdem hat sie viele Kochrezepte. Sie hat eine Spalte für Leserzuschriften. Außerdem hat sie einen Roman.
Liane	Lesen Sie diesen Roman?
Frau Wodilla	Nein, ich lese ihn niemals.

um politisch informiert zu sein	to keep up to date on politics

2*

Gabi Englet kommt aus München und liest die Süddeutsche Zeitung.

Michael	Fräulein Englet, was für Zeitungen lesen Sie?
Frl. Englet	Ich lese eine große süddeutsche Tageszeitung, die *Süddeutsche Zeitung*.
Michael	Ist das eine regionale Zeitung?
Frl. Englet	Die *Süddeutsche Zeitung* ist keine ausgesprochen regionale Zeitung, aber sie hat einen Münchener Teil.
Michael	Wenn Sie Ihre Zeitung bekommen, welche Seite lesen Sie zuerst?
Frl. Englet	Ich sehe mir zuerst die Titelseite an. Da steht nämlich eine Glosse, die heißt 'Das Streiflicht' – das ist sehr amüsant zu lesen.
Michael	Hat die *Süddeutsche Zeitung* eine Frauenseite?
Frl. Englet	Es gibt eine Seite, am Wochenende, die heißt 'Gesellschaft und Familie', die lese ich aber nie.
Michael	Warum nicht?
Frl. Englet	Oh, ich habe eine Abneigung gegen spezielle Frauenseiten. Ich denke dabei immer an Stricken und Kochtopf und Babies.
Michael	Was für andere Zeitungen lesen Sie?
Frl. Englet	Ich lese noch eine überregionale Wochenzeitung, *Die Zeit*. Das ist eine sehr dicke Zeitung und manchmal brauche ich auch eine Woche, um sie zu lesen.

ich sehe mir zuerst die Titelseite an	I look at the front page first
ich denke dabei immer an . . .	they always make me think of . . .

3

Herr Mück ist aus Stuttgart und liest gern die Stuttgarter Zeitung

Michael — Herr Mück, welche Zeitungen lesen Sie?

Herr Mück — Ich lese eine Tageszeitung, die *Stuttgarter Zeitung*, eine Regionalzeitung für ganz Baden-Württemberg, die in Stuttgart gedruckt wird, eine sehr liberale Zeitung. Dann lese ich die Wochenzeitung *Die Zeit*, und ich lese ab und zu die Wochenzeitung *Der Spiegel*, da lese ich am liebsten den Leitartikel.

Herr Mück liest Zeitung

Michael — Wenn Sie Ihre Tageszeitung aufschlagen, was lesen Sie zuerst?

Herr Mück — Ich lese zuerst die Feuilletonseite und kulturelle Kritiken. Und dann lese ich die politische Seite, das ist in diesem Fall die erste und zweite Seite.

Michael — Interessieren Sie sich nicht so sehr für Politik?

Herr Mück — Doch, ich interessiere mich sehr für Politik, aber ich höre lieber die Kurzinformation in der *Tagesschau* und mache mir dann meine eigene Meinung.

die . . . gedruckt wird	which is printed . . .
wenn Sie . . . aufschlagen	when you open . . .
interessieren Sie sich nicht so sehr für Politik?	aren't you all that interested in politics?
mache mir meine eigene Meinung	form my own opinion

4*

Rainer Harnack aus Berlin bekommt den Berliner Tagesspiegel *und die* Frankfurter Rundschau *im Abonnement*

Liane — Herr Harnack, welche Zeitungen lesen Sie?

Herr Harnack — Ich lese den *Berliner Tagesspiegel* und die *Frankfurter Rundschau*.

Liane — Was sind das für Zeitungen?

Herr Harnack — Ja, die *Frankfurter Rundschau* ist eine überregionale Zeitung, und der *Berliner Tagesspiegel* ist eine regionale Zeitung. Es sind Tageszeitungen. Ich bekomme die Zeitungen im Abonnement.

Liane — Was interessiert Sie am meisten in den Zeitungen?

Herr Harnack — Ich interessiere mich im *Tagesspiegel* für den Berliner Lokalteil, und ich lese auch über Sportereignisse in beiden Zeitungen.

Liane — Lösen Sie mal ein Kreuzworträtsel?

Herr Harnack — Nein, das habe ich noch nicht gemacht.

Liane — Was lesen Sie zu Ihrer Unterhaltung?

Herr Harnack — Ich lese Illustrierte. Ich lese den *Stern* und zur Unterhaltung lese ich auch den *Spiegel*.

Liane — Wo kaufen Sie diese Zeitungen?

Herr Harnack — Am Kiosk. Das ist gleich um die Ecke.

Liane	Wie oft kaufen Sie diese Zeitschriften?
Herr Harnack	Nicht regelmäßig, weil sie sehr teuer sind.

ich bekomme . . . im Abonnement	I subscribe to . . .
zu Ihrer Unterhaltung	for pleasure
weil sie teuer sind	because they're expensive

Hören und Verstehen

Thomas von Randow arbeitet bei der Wochenzeitung *Die Zeit*. Er schreibt Artikel für den Wissenschaftsteil, und er kürzt und korrigiert Artikel anderer Autoren. Auch Journalisten

Herr von Randow

schreiben schlechtes Deutsch! Die Redakteure arbeiten oft sonntags und auch nachts. Mittwoch früh muß die Zeitung fertig sein. Der politische Teil ist der längste, der Wissenschaftsteil ist nur ein, zwei Seiten lang. Die *Zeit* ist dick, Thomas von Randow braucht das Wochenende, um sie zu lesen. Und er liest auch alle anderen Zeitungen – zum Spaß und zur Kontrolle der eigenen Zeitung.

Hans-Joachim	Herr von Randow, welche Tätigkeit üben Sie bei der *Zeit* aus?
Herr v. Randow	Ich bin Wissenschaftsredakteur. Ich schreibe über Wissenschaft, ich redigiere Artikel.
Hans-Joachim	Was bedeutet das eigentlich?
Herr v. Randow	Redigieren heißt Artikel zu kürzen, zu verbessern usw. Ich suche nicht nur Fehler, sondern auch Sünden gegen die deutsche Sprache.
Hans-Joachim	Die kommen also auch bei Journalisten vor?
Herr v. Randow	O ja, leider viel zu häufig.
Hans-Joachim	Haben Sie eine sehr unregelmäßige Arbeitszeit?
Herr v. Randow	O ja. Die ist oft sehr unregelmäßig. Sehr viele Leute sind hier auch sonntags. Dann arbeiten wir häufig in der Nacht. Jede Nacht von Dienstag auf Mittwoch sind die meisten Leute hier und arbeiten bis, na, 3 Uhr, 4 Uhr morgens. Am Mittwoch früh muß die Zeitung gedruckt werden.
Hans-Joachim	Wieviele Teile hat die *Zeit*?
Herr v. Randow	Die *Zeit* hat einen politischen Teil, einen Wirtschaftsteil, einen kulturellen Teil – bei uns heißt das ein Feuilleton – dann gibt es einen Wissenschaftsteil, einen Unterhaltungsteil – oh, da habe ich noch zwei vergessen – einen Reiseteil und einen Sportteil. Und wir haben eine farbige Beilage, das *Zeitmagazin*.
Hans-Joachim	Wie lang sind die einzelnen Teile der *Zeit*?
Herr v. Randow	Die *Zeit* wechselt sehr stark in ihrem Umfang. Manchmal sind es nur sechzig Seiten, manchmal sind es über hundert Seiten. Man kann ungefähr rechnen, daß die Politik mit ihrem Löwenanteil etwa zwölf Seiten hat und die Wissenschaft mit ihrem kleinen Anteil ein oder zwei Seiten bekommt.
Hans-Joachim	Lesen Sie selbst die ganze *Zeit*?
Herr v. Randow	Ja, bis auf die Börsennachrichten. Ich fange meistens am Freitag an und lese dann gut bis, na, in den Sonntag hinein.

Hans-Joachim	Lesen Sie auch noch andere Zeitungen?
Herr v. Randow	Ja, ich lese leider sehr viele Zeitungen, nicht nur zum Spaß, sondern auch aus beruflichen Gründen. Jeder von uns muß wissen, was in anderen Zeitungen steht. Es ist nicht so wichtig zu wissen, was in der eigenen Zeitung steht, sondern viel wichtiger zu wissen, was andere Leute geschrieben haben, damit man seinen Kollegen sagen kann: 'Hör mal, lieber Freund, das, was ich hier gelesen habe, das habe ich bei dir leider nicht gelesen'.

Überblick

Welche Was für	Zeitungen Zeitschriften Illustrierte	lesen Sie?	den	*Berliner Tagesspiegel, Stern, Spiegel* *Daily Express, Glasgow Herald, Listener*
			die	*BNN, Zeit, Bild-Zeitung, Brigitte* *Times, Sun, Yorkshire Evening Post*
		Ich lese	das	*Hamburger Abendblatt* *Deutsche Allgemeine Sonntagsblatt* *Southern Daily Echo*
				Theater heute *Punch*

Was	für eine Zeitung ist das? für Zeitungen sind das?	Das ist eine Das sind	Tages- Wochen-	zeitung zeitungen
		Das ist eine Das sind	regionale überregionale liberale konservative	Zeitung Zeitungen

Wo erscheint	die Zeit? die Times	Sie erscheint in	Hamburg London

Was Welche Seite	lesen Sie zuerst?	Ich	lese zuerst den Leitartikel sehe mir zuerst die Titelseite an

Was interessiert Sie am meisten?	Ich interessiere mich am meisten für	Politik den Lokalteil
	Ich löse gern das Kreuzworträtsel	

Was interessiert Sie nicht?	Die Leserzuschriften Über Sportereignisse Den Roman Die Frauenseite	lese ich	nicht gern niemals nie

| Wo kaufen | | die | Zeitung, Zeitungen? |
| Wie bekommen | Sie | Ihre | Zeitschrift, Zeitschriften? |

Ich kaufe sie am Kiosk
Ich bekomme sie im Abonnement, und
sie kommt/kommen mit der Post | ins Haus
der Zeitungsjunge bringt sie |

Übungen

1 Ich kaufe meine Zeitungen am Kiosk

Frau Schnell hat einen Zeitungskiosk. Sie verkauft Tageszeitungen (Regionalzeitungen und überregionale Zeitungen), Wochenzeitungen, Frauenzeitschriften, Illustrierte und Ansichtskarten. Was kaufen ihre Kunden?

Frau Schöning liest gern über Mode und Kosmetik und sammelt Kochrezepte. Sie kauft eine Frauenzeitschrift.

Herr Krings kauft jeden Tag eine Zeitung. Er kauft.......................

Herr Rust interessiert sich nur für Lokalnachrichten. Seine Tageszeitung kann man nicht überall kaufen. ....

Herr Meyer interessiert sich nicht für Lokalnachrichten. Seine Zeitung kann man in der ganzen BRD kaufen. ....

Fräulein Blech ist hier zu Besuch. Sie möchte ganz kurz nach Hause schreiben. ....

Frau Forster kauft einmal die Woche eine sehr dicke Zeitung. ....

Herr Benner möchte etwas zur Unterhaltung – aber natürlich keine Frauenzeitschrift! ....

2 Was interessiert Sie am meisten?

You offer to share your copy of *Die Zeit* with friends and divide it out according to their interests. The pages you give them are in the brackets below. How did they answer your question?

Sie: Welcher Teil der *Zeit* interessiert Sie am meisten?

Herr Lange	(S. 27):	Ich interessiere mich für 'Sport'.
Fräulein Maske	(S. 33):	....
Frau Behrens	(S. 10):	....
Herr Siegert	(S. 1–6):	....
Herr Stein	(S. 19):	....
Frau Grünhof	(S. 15–22):	....
Herr Telle	(S. 23–25):	....
Fräulein Bauer	(S. 37):	....

DIESE WOCHE

Politik	1—6
Politisches Buch	7
Politische Woche	8
Länderspiegel	9
Leserbriefe	10
Berufe	11—14
Impressum	10/13
Wirtschaft	15—22
Immobilien	19
Reise	23—25
Auto	26
Sport	27
Themen der Zeit	28
Feuilleton	29—32
Literatur	33
Kritik und Information	34
Wissenschaft	37
Modernes Leben	35—36
	38—40

3 Welche Zeitung lesen Sie?

a A German acquaintance would like to find out all he can about the newspaper you read. What do you tell him?

Welche Zeitung lesen Sie?	....	*(Daily Express)*
Ist das eine regionale Zeitung?	....	
Ist es eine Tages- oder eine Wochenzeitung?	....	
Wo erscheint sie?	....	(London and Manchester, but you can buy it all over the country)
Was lesen Sie zuerst?	....	(leader)
Was lesen Sie nicht?	....	(sports page)
Wie bekommen Sie die Zeitung?	....	(newspaper boy brings it)
Lesen Sie auch Illustrierte?	....	(never!)

b Then you turn the tables and ask him the same questions. He reads the *Süddeutsche Zeitung*, which he buys at the kiosk round the corner. He looks at the front page first and never reads the local page. How does he answer your questions?

4 Lösen Sie mal ein Kreuzworträtsel?

Waagerecht (across)

1 Die *Süddeutsche Zeitung* ist . . . .
   ausgesprochen regionale Zeitung
6 Die . . . . berichtet zum Beispiel über
   Mode und Kosmetik
9 Herr Harnack hat nie ein . . . . rätsel
   gelöst
10 Drei Personen in den Interviews lesen
   diese Zeitschrift
11 . . . . heißt *Badische Neueste*
   Nachrichten
12 Gabi Englet liest die *Süddeutsche* . . .
13 Wodillas bekommen ihre Zeitungen
   mit . . . Post
14 Herr Mück liest gern die Feuilletonseite
   und kulturelle Nachrichten. Er
   interessiert sich auch für . . .
16 Eine Seite in der *Süddeutschen Zeitung* heißt 'Gesellschaft und . . . .'
17 Die *Stuttgarter Zeitung* ist eine . . . . zeitung

Senkrecht (down)

1 Herr Harnack kauft seine Zeitungen am . . . .
2 Gabi Englet liest . . . . die Frauenseite
3 Frau Wodilla und Herr Harnack lesen den . . . .
4 Im *Spiegel* liest Herr Mück am liebsten den . . . .
5 Für Herrn Harnack ist es nicht weit zum Zeitungskiosk. Er ist gleich um die . . . .
6 Herr Harnack bekommt den . . . . *Tagesspiegel* im Abonnement.
7 Herr Mück sagt: "Ich . . . . eine Tageszeitung".
8 Fräulein Englet braucht eine . . . ., um die *Zeit* zu lesen.
12 Die . . . . ist eine überregionale Wochenzeitung.
15 Herr Harnack liest gern Zeitschriften. Zur Unterhaltung liest . . . . den *Stern* und den *Spiege*

Wissenswertes
Die Presse in der BRD

Die Post bringt immer schlechte Nachrichten! Viele Bundesbürger haben eine Tageszeitung abonniert und bekommen sie per Post ins Haus. Vor dem Krieg war Berlin die Pressestadt Deutschlands. Heute kommen die überregionalen Tageszeitungen aus vier Städten.

Die überregionalen Tageszeitungen

Die *Bild-Zeitung* – ein populäres Massenblatt – kommt aus Hamburg. Sie verkauft ein Minimum an politischer Information mit einem Maximum an Sensation, mit vielen Fotos und viel Rot. *Bild* kauft man am Kiosk, es ist die Zeitung für die Straßenbahn. Für die *Süddeutsche Zeitung* braucht man mehr Zeit. Sie ist eine liberale Qualitätszeitung aus München. Überregional sind auch die liberal-konservative *Frankfurter Allgemeine* und die linksorientierte *Frankfurter Rundschau*. 'Links', 'liberal' etc. charakterisiert eine Tendenz, die Presse der BRD ist unabhängig und – bis auf die Parteizeitungen – überparteilich. Die konservative *Welt* kam früher aus Hamburg, jetzt kommt sie aus Bonn und verkauft ihr neues Hauptstadt-Image* mit dem Slogan*: *Zeitung aus dem Zentrum der Politik*. Andere Zeitungen haben natürlich auch Büros in der Bundeshauptstadt.

Die regionalen Zeitungen

Typisch für die deutsche Presse sind die vielen kleinen und großen regionalen Zeitungen, wie der *Berliner Tagesspiegel* oder die *Stuttgarter Zeitung*. Sie informieren über Internationales und Nationales und über die regionale und lokale Situation. Aber: Der Trend bei kleinen Zeitungen geht immer mehr zur Zeitungskooperative oder Fusion mit größeren Zeitungen. Oft existieren sie weiter unter ihrem alten Namen, aber die Redaktionen sind nicht mehr autonom. 1974 gab es 415 Tageszeitungen, aber nur 126 autonome Redaktionen. Das Zeitungssterben und die Pressekonzentration sind ein wichtiger Diskussionspunkt in Parteien, Parlament und Öffentlichkeit. Der größte Konzern ist der Axel Springer Verlag; ihm gehören auch *Welt* und *Bild*.

Am Sonntag arbeiten die Briefträger und die Zeitungsjungen nicht

Die meisten Leser lesen am Sonntag die dicke Samstagsausgabe der Tageszeitung und eine Wochenzeitung wie z.B. *Die Zeit* (sie erscheint Mitte der Woche). Viele Leser warten auch schon auf Montag: Da erscheint das kritische Nachrichtenmagazin *Der Spiegel*. Es gibt auch viele Zeitschriften: Illustrierte wie *Stern* und *Quick* und Spezialpublikationen wie *Schule, Theater heute, Schöner Wohnen* under die Radiozeitung *Hörzu*. In Haushalten mit Radio und Fernsehen läuft das Radio täglich durchschnittlich 70, der Fernseher 130 Minuten; für die Zeitung sind zirka 35 Minuten reserviert. Oft sind es graue, deprimierende Minuten. *Die Zeit* hat einen Slogan für deprimierte Zeitungsleser: *Die Zeiten sind schlecht. 'Die Zeit' ist gut!*

Massenblatt	tabloid
unabhängig	independent
bis auf	except for
überparteilich	above party politics
Zeitungssterben	closure of newpapers
Samstagsausgabe	Saturday edition

* German has adopted the English words *image* and *slogan*.

Was werden Sie nächste Woche machen?

Talking about what you will be doing

1   *Im Informationsbüro des Hamburger Hafens. Für nächste Woche ist Kapitän Wutsdorffs Terminkalender besonders voll*

Herr Wutsdorff   Mein Terminkalender ist sehr vielfältig. Am Montag unternehme ich eine Hafenrundfahrt mit japanischen Gästen, am Dienstag habe ich zwei Besuche auf Spezialterminals, am Mittwoch habe ich eine Gruppe von ausländischen Spediteuren zu betreuen, am Donnerstag habe ich hier eine Arbeitsbesprechung im Haus und am Freitag, da weiß ich noch nicht so recht, was anliegt.

MÄRZ
8 Montag *Hafenrundfahrt*
9 Dienstag *Spezialterminals*
10 Mittwoch *Spediteure*
11 Donnerstag *Arbeitsbesprechung*
12 Freitag *?*

Besuche auf Spezialterminals   visits to special cargo berths
was anliegt   what there is to do

2*   *Im Hapag-Lloyd Reisebüro. Herr Murphy hat im Frühsommer sehr viel zu tun*

Hans-Joachim   Was werden Sie in der nächsten Woche alles machen müssen?
Herr Murphy   Der Leiter eines Reisebüros hat in dieser Zeit sehr viel zu tun. Am Montag werde ich den ganzen Tag im Büro sitzen und hart arbeiten. Am Dienstag vormittag habe ich eine Besprechung, am Mittwoch folge ich einer Einladung der *Deutschen Lufthansa*, am Donnerstag werde ich ein Schiff besuchen, das im Hamburger Hafen liegt, und am Freitag geht die Woche wieder zu Ende.

was werden Sie alles machen   what sort of things will you
    müssen?   have to do?
folge ich einer Einladung   I'll be taking up an invitation
das . . . liegt   which is docked . . .

3*   *Marianne Kausche und Joachim Forster studieren an der Hamburger Universität. Sie sind verlobt.*

Jürgen   Joachim, wann werden Sie heiraten?
Joachim   Wir werden in zwei Jahren heiraten, wenn wir beide unsere Studien abgeschlossen haben.
Jürgen   Was für eine Hochzeit wünschen Sie sich?
Marianne   O je, das weiß ich noch nicht. Das ist auch gar nicht so wichtig.

Marianne und Joachim

Jürgen	Werden Sie eine weiße Hochzeit haben?
Marianne	Ja, wahrscheinlich – und wir werden wohl eine ganze Menge werden, denn Joachim hat viele Geschwister, und wir haben viele Freunde.
Jürgen	Wo möchten Sie wohnen?
Marianne	Ja, in Hamburg, wenn es möglich ist.
Jürgen	Möchten Sie sich eine Wohnung mieten, eine Wohnung kaufen . . . ?
Marianne	Oh, zum Kaufen wird das Geld wohl nicht reichen, das ist hier ja sehr teuer.
Jürgen	Werden Sie sich die Arbeit im Haushalt teilen?
Joachim	Ganz bestimmt.
Jürgen	Sie werden kochen, putzen und Betten machen?
Joachim	Ja natürlich, das muß denn ja sein.
Jürgen	Wer wird von Ihnen die Hosen anhaben?
Beide	Beide. Wohl beide!

wenn wir . . . abgeschlossen haben	when we've finished . . .
wir werden eine Menge werden	we'll be quite a crowd
das muß denn ja sein	these things have to be done

4* *Herr Etz ist Verwaltungsangestellter in der Hamburger Verkehrszentrale. Er braucht sich keine Sorgen um die Zukunft zu machen*

Herr Etz

Jürgen	Herr Etz, haben Sie schon Pläne als Pensionär?
Herr Etz	O ja, man macht sich so seine Gedanken. Ich werde turnen, ich werde schwimmen, einen Garten habe ich auch. Ich werde bestimmt jeden Tag ein paar Stunden dort arbeiten.
Jürgen	Turnen und schwimmen Sie jetzt schon?
Herr Etz	Ja, gewiß doch.
Jürgen	Werden Sie als Pensionär mehr turnen?
Herr Etz	Auf alle Fälle nicht weniger.
Jürgen	Wo werden Sie schwimmen gehen?
Herr Etz	In einer Schwimmhalle und zwar möglichst jeden Tag morgens.
Jürgen	Schon vor dem Frühstück oder nach dem Frühstück?
Herr Etz	Aber selbstverständlich vor dem Frühstück.
Jürgen	Werden Sie alleine gehen?
Herr Etz	Nein, meine Frau schwimmt leidenschaftlich gerne.
Jürgen	Werden Sie auch Ihrer Frau im Hause helfen?
Herr Etz	Ach doch, ich werde einkaufen gehen, das mache ich übrigens jetzt auch schon, ich werde abwaschen. . . .
Jürgen	Werden Sie vielleicht auch kochen?
Herr Etz	Kochen leider nicht. Aber was nicht ist, kann ja noch werden.
Jürgen	Sie werden vielleicht sogar das Kochen lernen.
Herr Etz	Aber gewiß doch, warum nicht?
Jürgen	Glauben Sie, daß Sie gut mit Ihrer Rente leben werden?
Herr Etz	Oh, das hoffe ich doch.

| Jürgen | Dann brauchen Sie sich also keine Sorgen um die Zukunft zu machen. |
| Herr Etz | Nein, das glaube ich nicht. |

man macht sich so seine Gedanken	you give it a bit of thought
auf alle Fälle	certainly
was nicht ist, kann ja noch werden	there's a first time for everything
Sie brauchen sich keine Sorgen zu machen	you don't need to worry

Hören und Verstehen

Bei Feldmanns: Peter Feldmann ist seit einem Jahr pensioniert. Als Ingenieur in einem

Bei Feldmanns vor der Haustür

Mineralölkonzern hat er hart gearbeitet. Er ist auch jetzt sehr aktiv. Er und seine Frau gehen vor dem Frühstück schwimmen; er arbeitet am Haus; er verreist mit seiner Frau. Früher hatte er nie Zeit, heute hilft er im Haushalt und kocht auch—chinesisch! Es ist die glücklichste Zeit seines Lebens.

Jürgen	Herr Feldmann, wie lange sind Sie schon pensioniert?
Herr Feldmann	Ich bin seit einem Jahr pensioniert.
Jürgen	Was waren Sie von Beruf, bevor Sie pensioniert wurden?
Herr Feldmann	Ich war Ingenieur in einem multinationalen Mineralölkonzern.
Jürgen	Haben Sie viel Freizeit während Ihrer Berufszeit gehabt?
Herr Feldmann	Das kann man wohl nicht sagen. Ich habe sehr hart und sehr viel gearbeitet.
Jürgen	Wie verbringen Sie jetzt Ihre Freizeit?
Herr Feldmann	Ich beginne jeden Morgen, nachdem ich um 6.30 Uhr aufgestanden bin, mit einem erfrischenden Bad. Ich schwimme 500 Meter und in der gleichen Zeit schwimmt meine Frau 300.
Jürgen	Also sind Sie zwei Drittel schneller als Ihre Frau!
Herr Feldmann	So ist es wohl. Und dann gehen wir beide froh und munter nach Hause. Danach genießen wir in Ruhe unser Frühstück.
Jürgen	Was haben Sie zum Beispiel letzte Woche gemacht?
Herr Feldmann	In der letzten Woche habe ich mich um mein Haus ganz besonders gekümmert.

Jürgen	Wissen Sie schon, was Sie nächste Woche machen werden?
Herr Feldmann	In der nächsten Woche werde ich sicherlich nicht an meinem Haus arbeiten. Es reicht mir. In der nächsten Woche werde ich dafür an die Ostsee fahren.
Jürgen	Mit Ihrer Frau?
Herr Feldmann	Mit meiner Frau, natürlich!
Jürgen	Wie hat sich das Leben Ihrer Frau verändert, seitdem Sie pensioniert sind?
Herr Feldmann	Ich hoffe, positiv. Wir teilen unseren Arbeitstag gemeinsam ein, um möglichst viel vom Tag zu haben. Früher habe ich niemals helfen können.
Jürgen	Wie helfen Sie Ihrer Frau im Hause?
Herr Feldmann	Nun, das ist von Tag zu Tag verschieden, einmal bediene ich den Staubsauger, zum anderen helfe ich in der Küche, und es kommt auch vor, daß ich das Mittagessen koche; denn ich bin ein leidenschaftlicher China-Koch.
Jürgen	Herr Feldmann, was halten Sie für die glücklichste Zeit Ihres Lebens?
Herr Feldmann	Nun, ich habe in meinem Leben sehr viele schöne, glückliche Tage verlebt, aber ich glaube, die gegenwärtige Zeit als Pensionär kann wohl die glücklichste Zeit meines Lebens sein.

Überblick

Talking about the future

There are two ways of talking about what you are going to do. In many cases you can use either. This is one way:

Was	machen Sie nächste Woche?			Nächste Woche haben wir eine Gruppe zu betreuen
	haben Sie	nächsten am	Donnerstag vor?	Am Montag unternehme ich eine Hafenrundfahrt
				Nächsten Donnerstag habe ich eine Besprechung

This sentence pattern is used more in colloquial speech and refers mostly to the more immediate future. When you use it you often need a word or phrase saying when, e.g. morgen, am Dienstag, nächste Woche.

This is the second way:

Am Donnerstag **werde** ich ins Museum **gehen**

This sentence pattern using **ich werde, er wird** etc. often refers to the more distant future. In statements you can use it to suggest you are sure about something.

Wann	**werden** Sie	**heiraten?**
Wir	**werden** in zwei Jahren	**heiraten**
Was	**werden** Sie als Pensionär	**machen?**
Ich	**werde** viel im Garten	**arbeiten**
Wer	**wird** die Hosen	**anhaben?**

Übungen

1 Was machen Sie nächste Woche?

So		**Alsterrundfahrt** Abfahrten täglich von 10.00 bis 18.00 Uhr stündlich ab Jungfernstieg, bei schönem Wetter halbstündlich.
Mo		**Der Park 'Planten un Blomen'** Täglich von 7.00 bis 22.30 Uhr geöffnet.
Di		**Hamburgische Staatsoper** Di. 19.30 Uhr Die *Zauberflöte* von Mozart.
Mi		**Fernsehturm** Gesamthöhe 271,5m, Aussichtsplattform in 124 m Höhe, drehbares Restaurant in 127 m Höhe. Aussichtsplattform täglich geöffnet von 9.00 bis 23.00 Uhr. Restaurant täglich geöffnet von 12.00 bis 23.30 Uhr.
Do		**Hagenbecks Tierpark** Täglich geöffnet ab 8.00 Uhr.
Fr		**Aussichtsturm der St. Michaelis-Kirche** Wahrzeichen Hamburgs. Werktäglich geöffnet von 9.00 bis 18.00 Uhr, sonn- und feiertags von 11.30 bis 18.00 Uhr.
Sa		**Rundflug über Hamburg** Täglich bei gutem Wetter vom Flughafen Fuhlsbüttel.

Was machen Sie nächste Woche in Hamburg?
z.B. **Am Sonntag mache ich eine Alsterrundfahrt.**

a Am Montag ....
Am Dienstag .... usw.

You'll need these words:
   besuchen
   gehen in
   steigen auf
   essen
   besuchen
   steigen auf
   machen

b Now decide exactly when you will be doing everything e.g.
Am Sonntag mache ich um 11 Uhr eine Alsterrundfahrt.

2 Was werden Sie machen?

a You and your husband/wife have drawn up this list of plans for your retirement. Explain which things you will do, which things your husband/wife will do and which things you will do together. The choice is yours!

   e.g. **Wir werden morgens schwimmen gehen, ich werde zweimal in der Woche turnen gehen, mein Mann/meine Frau wird jeden Tag mit dem Hund spazierengehen.**

b If there are two of you, ask each other questions about your retirement plans:
   e.g. **Werden Sie morgens schwimmen gehen?**

ZUM FIT BLEIBEN
Morgens schwimmen gehen
Zweimal in der Woche turnen gehen
Jeden Tag eine Stunde mit dem Hund
   spazierengehen
Am Wochenende rudern gehen

HAUS UND GARTEN
Nur vormittags im Haus arbeiten
Nachmittags im Garten arbeiten
Nur einmal in der Woche groß
   einkaufen

ZUM AUSRUHEN
Nach dem Mittagessen schlafen
Abends nur eine Stunde fernsehen
Sehr viel Musik hören
Früh ins Bett gehen

FREIZEIT
Regelmäßig ins Theater gehen
Viel basteln
Photographieren und filmen
Oft Besuche machen und oft Freunde oder
   die Familie einladen

3 Wann werden Sie heiraten?

Read dialogue 3 on pages 66–67 aloud and then see if you can answer these questions.

Wann werden Marianne und Joachim heiraten?
Was für eine Hochzeit werden sie haben?
Wo werden sie wohnen?
Werden sie ein Haus kaufen?
Wer wird die Arbeit im Haushalt machen?
Was zum Beispiel wird Joachim im Haushalt tun?
Wer wird die Hosen anhaben?

If there are two of you ask each other questions like this about Herr Etz.

4 Was steht im Horoskop?

a What do the stars predict for these people? Their birthdays are shown in brackets.

(8. 1.)	Herr Zimmermann	(12.12.)	Herr Arendts
(14.10.)	Fräulein Penning	(20. 8.)	Herr Kloß
(18. 7.)	Frau Oswald	(5. 2.)	Fräulein Gneuß
(27. 5.)	Dr. Dietl	(22. 3.)	Herr Vogel
(1. 3.)	Fräulein Spahr	(11. 5.)	Herr Winkelmann
(13. 9.)	Herr Weise	(20.11.)	Herr Memel

z.B. **Herr Zimmermann wird eine schöne Woche haben, aber er wird am Wochenende schlechte Nachrichten bekommen.**

Steinbock 21.12.–19.1.	Schöne Woche. Aber am Wochenende bekommen Sie schlechte Nachrichten.	**Krebs** 21.6.–21.7.	Die Familie kommt zu Besuch. Vielleicht gehen Sie auf eine lange Reise.
Wassermann 20.1.–18.2.	Vorsicht! Nächste Woche bringt nichts Gutes. Sie haben große Probleme.	**Löwe** 22.7.–21.8.	Eine sehr aktive Woche: Sie treffen neue Freunde, vielleicht auch einen Freund/eine Freundin fürs Leben!
Fische 19.2–20.3.	Sie gehen besonders am Anfang der Woche sehr oft aus. Sie sehen einen alten Freund wieder!	**Jungfrau** 22.8.–21.9.	Die neue Woche bringt Probleme in der Familie. Sie sind die ganz Woche leicht nervös.
Widder 21.3.–20.4.	Nächste Woche bringt Glück in der Liebe. Sie machen auch wichtige Pläne.	**Waage** 22.9.–22.10.	Eine ganz ruhige Woche. Sie haben Zeit für Ihre besten Freunde. Und Sie kommen mit allen gut aus!
Stier 21.4.–20.5.	Sie arbeiten zu viel. Vorsicht!	**Skorpion** 23.10.–21.11.	Sie haben Differenzen mit einem alten Freund. Aber am Wochenende bekommen Sie ein Geschenk!
Zwillinge 21.5.–20.6.	Sie bekommen in der nächsten Tageneinen wichtigen Brief. Vielleicht bekommen Sie auch ein bißchen Geld!	**Schütze** 22.11.–20.12.	Am Montag fangen zwei schöne Wochen an. Im Beruf geht alles gut. Auch im Privatleben haben Sie Glück.

b Now find out what is in store for you and for your friends and relations.

Wissenswertes
Das Leben ab 65

Nach einem Acht-Stunden-Tag ist
Feierabend. Der *Lebensabend* beginnt
spätestens mit 65 Jahren. Ab 65 arbeitet der
Bundesbürger nicht mehr: Er ist nicht mehr
Arbeitnehmer. Er ist *Rentner* und bekommt
jeden Monat eine *Rente* (Frauen schon ab
60). Zehn bis zwölf Millionen Bundesbürger
bekommen eine Rente oder Pension. Das ist
zirka jeder fünfte.

Die Rente ist teuer – 18% des Bruttoeinkommens
Jeder Arbeitnehmer muß monatlich neun Prozent seines Bruttoeinkommens an die
Rentenversicherung zahlen, sein Arbeitgeber zahlt die anderen neun Prozent. Nach 40
Jahren Arbeit bekommt ein Arbeiter heute im Durchschnitt 817,80 DM Rente im Monat.
1980 bekommt er vielleicht mehr. Die Renten sind *dynamisch.* Wenn die Einkommen steigen,
steigen die Renten automatisch. Es gibt keinen staatlichen Gesundheitsdienst in der BRD. Aber
Rentner zahlen keine Arzt- oder Krankenhauskosten. Jedes Jahr fahren viele Rentner auch
kostenlos zur Kur in eines der 250 Bäder wie Baden-Baden oder Bad Kissingen.

Der Bundesbürger lebt heute 24 Jahre länger als um 1900
Viele alte Menschen leben gesünder als früher. Sportklubs
offerieren *Altensport* speziell für alte Menschen. Jedes Dorf
hat heute auch ein Schwimmbad, und viele alte Menschen
gehen schwimmen. In Hamburg ist das Wasser in den
Schwimmbädern jeden Freitagabend 28 Grad warm: für ältere
Schwimmer! In den *Altentagesstätten* können Rentner
diskutieren und Karten spielen, aber auch Gymnastik machen.
Und auch das Fernsehen bringt einen Gymnastikspot – in der
Sendung für die ältere Generation. Sie heißt *Mosaik.*

Programm

6·30 Mosaik – Für die ältere Generation
Geplante Beiträge: Rezepte zum
Mitschreiben; wohin mit den alten
Sachen?; die neuen Möbel sind
beschädigt; Renteninformation für
ehemalige Land- und Forstarbeiter;
eine moderne Großmelkanlage;
Übung der Woche

7·00 Heute

Rentner fahren billiger
Für Bundesbahn, Bus, Straßenbahn und Untergrundbahn haben sie die *Seniorenkarte.* In
vielen Großstädten gibt es auch einen Verkehrsunterricht für alte Leute und spezielle Hilfen
im Verkehrschaos: schwarzgelbe Spazierstöcke. Das sind Signale für die Autofahrer:
Langsamer fahren!

Aber viele müssen zu Hause bleiben
Tausende alter Bürger warten jeden Tag auf das *Essen auf Rädern.* Sie sind krank, invalide,
isoliert. Viele leben in Altersheimen. Viele wohnen allein in dunklen Wohnungen, der einzige
Kontakt ist per Telefon. Die *Telefonseelsorge* ist ein Telefon Service für Menschen, die isoliert
und deprimiert sind. Darunter sind viele alte Menschen.

Eine neue Idee
Mehrtägige Großelternseminare im Schwarzwald. Sie können Enkel und Kinder mitbringen!
Information: Paritätisches Bildungswerk, Landesverband Baden-Württemberg,
Solferinoweg 20/41, D-7000 Stuttgart 80.

Arbeitnehmer	employee	maximal	at the most
Rentner	O.A.P.	in den Altentagesstätten	in old people's day centre
des Bruttoeinkommens	of your gross pay	Spazierstöcke	walking sticks
Rentenversicherung	National Pension Scheme	*Telefonseelsorge*	telephone service similar to *Samaritans*
Gesundheitsdienst	health service	Enkel	grandchildren

20 Ist Englisch so leicht wie Französisch?

Making comparisons – and some revision

1*

Gertraud Müller aus Augsburg hat einen Bruder und eine Schwester. Beide sind älter als sie.

Michael	Fräulein Müller, wie sieht Ihr Bruder aus?
Frl. Müller	Mein Bruder ist sehr groß, hat dunkle Haare, und hat schon eine leichte Glatze. Er ist ungefähr 1,90 Meter groß und ziemlich stark.
Micheal	Wie alt ist er?
Frl. Müller	Er ist fünfzehn Jahre älter als ich.
Michael	Und Ihre Schwester?

Müllers aus Augsburg

Frl. Müller	Meine Schwester ist siebzehn Jahre älter als ich und ist ungefähr 1,70 Meter groß und hat rotblonde Haare.
Michael	Ist sie Ihnen ähnlich?
Frl. Müller	Ja. Sie hat ein ähnliches Gesicht, aber sie wirkt durch die andere Haarfarbe ganz anders als ich. Sie hat sehr viele Sommersprossen, die ich nicht habe, und sie wird im Sommer nicht sehr braun. Sie wird sehr rot wie ein Krebs, aber wird nicht braun nachher.
Michael	Was ist Ihr Bruder von Beruf?
Frl. Müller	Mein Bruder ist Brauer von Beruf. Und jetzt hat er ein Restaurant in Augsburg.
Michael	Trinkt Ihr Bruder auch gerne das Bier, das er braut?
Frl. Müller	Ja, er trinkt sehr viel Bier. Leider zu viel, deshalb ist er auch etwas dick.
Michael	Ach so. Was sagt seine Frau dazu?
Frl. Müller	Seine Frau ist nicht immer sehr begeistert, vor allem wenn er sehr viel mit den Gästen trinkt und dabei Karten spielt, und sie dann die Arbeit machen muß.

hat schon eine leichte Glatze	has started to go bald
ist sie Ihnen ähnlich?	is she like you?
sie wirkt ander als ich	she looks different from me
wenn er . . . trinkt . . . und sie die Arbeit machen muß	when he drinks . . and she has to do the work

2*

Erhard Hoffmann kann nicht so viele Zeitungen lesen wie früher.

Michael	Herr Hoffmann, welche Zeitungen und Zeitschriften lesen Sie so?
Herr Hoffmann	Ich kann heute nicht mehr so viele Zeitungen lesen wie früher, aber ich lese immerhin noch einige Zeitungen. Regelmäßig lese ich ein oder zwei Tageszeitungen, zum Beispiel die *Welt*, und eine Hamburger Lokalzeitung, das *Hamburger Abendblatt*. Manchmal lese ich aber auch eine andere Tageszeitung, zum Beispiel die *Frankfurter Allgemeine*. Die politische Richtung dieser Zeitung ist, ich würde sagen, mehr liberal. Die *Welt* ist eine ausgesprochen konservative Zeitung. Die *Welt* berichtet aber viel mehr über Hamburg als die anderen Tageszeitungen.

Michael	Und lesen Sie auch Zeitschriften?
Herr Hoffmann	Ja, ich lese sehr viele Zeitschriften. Ich bevorzuge mehr politische Zeitschriften, beispielsweise den *Spiegel*, oder wirtschaftliche Magazine, wie das *Capital*. Zur Unterhaltung lesen wir den *Stern*.
Michael	Und Ihre Frau – liest sie dieselben Zeitungen und Zeitschriften wie Sie?
Herr Hoffmann	Die Tageszeitungen liest sie ebenso wie ich; die Zeitschriften, also *Spiegel, Capital, Stern* liest sie nicht, allenfalls den *Stern*.

Herr Hoffmann liest Zeitung

wie früher	as I used to
die politische Richtung dieser Zeitung	this paper's politics

3* *Für Rainer Harnack ist Englisch leichter als Französisch*

Liane	Herr Harnack, verbringen Sie Ihren Urlaub manchmal im Ausland?
Herr Harnack	Ja, ich reise sehr gerne. Ich fahre öfters nach England. Ich fahre auch sehr gerne ans Mittelmeer, nach Spanien, nach Italien, oder auch etwas weiter, nach Griechenland, in die Türkei.
Liane	Sprechen Sie auch diese Fremdsprachen?
Herr Harnack	Ich versuche, die Sprache des Landes zu lernen, also wenn ich in der Türkei bin, versuche ich, Türkisch zu lernen.
Liane	Wie schwierig sind diese einzelnen Sprachen zu lernen?
Herr Harnack	Italienisch und Französisch und Spanisch sind sicher leichter als Türkisch und Griechisch.
Liane	Sind Französisch, Spanisch und Italienisch gleich schwer?
Herr Harnack	Französisch ist für mich leichter als Spanisch und Italienisch. Französisch habe ich schon in der Schule gelernt.
Liane	Und wie ist es mit Englisch?
Herr Harnack	English habe ich sehr lange in der Schule gelernt, und es ist für mich eine leichte Sprache, ich spreche es sehr gerne.
Liane	Ist Englisch so leicht für Sie wie Französisch?
Herr Harnack	Englisch ist für mich leichter als Französisch. Ich habe in England sehr viele Freunde, ich bin oft in England gewesen und nicht so oft in Frankreich.

ich versuche, die Sprache des Landes zu lernen	I try to learn the language they speak there

Hören und Verstehen

Im Goethe-Institut Göttingen: Gottfried Distler ist der Institutsleiter und macht die organisatorische Arbeit. Aber am liebsten gibt er Deutschunterricht. Am Goethe-Institut lernt man Deutsch verstehen und sprechen. Und man lernt Deutschland kennen: das Institut arrangiert Ausflüge und Parties. Die Studenten wohnen im Institut. Die meisten sind zwischen 20 und 30 Jahren. Die 60jährigen 'Schüler' fühlen sich hier wieder ganz jung!

Goethe-Institut Göttingen

Frau Meinhardt	Ich bin im Goethe-Institut in Göttingen und spreche mit dem Institutsleiter, Herrn Distler. Herr Distler, was arbeiten Sie persönlich?
Herr Distler	Leider muß ich viel im Büro sitzen und organisieren. Am liebsten unterrichte ich.
Frau Meinhardt	Und was unterrichten Sie?
Herr Distler	Deutsch, natürlich. Man lernt an unserem Institut Deutsch, so wie die Leute es auf der Straße sprechen. Man lernt in erster Linie *hören* und *sprechen*.
Frau Meinhardt	Geben Sie nur Sprachunterricht?
Herr Distler	Nein. Denn unsere Kursteilnehmer—also unsere Studenten—wollen ja nicht nur Deutsch lernen, sondern auch Deutschland und die Deutschen kennenlernen. Deshalb machen wir Ausflüge—zum Beispiel nach Kassel oder nach Hildesheim oder nach Wolfsburg zum Volkswagenwerk, oder nach Goslar und in den Harz. Natürlich gibt es auch Theaterbesuche, Filmabende, Schallplattenabende und Tanzparties im Institut.
Frau Meinhardt	Wohnt man bei Ihnen im Institut?
Herr Distler	In Göttingen wohnt man im Institut. An den anderen Instituten wohnen die Studenten in Privatzimmern.

Herr Distler vor der Klasse

Frau Meinhardt	Wie alt sind Ihre Studenten, Herr Distler?
Herr Distler	Die meisten Kursteilnehmer sind zwischen 20 und 30 Jahre alt. Aber wir haben auch ältere Kursteilnehmer bis zu 60 Jahren.

| *Frau Meinhardt* | Wie fühlen sich die Älteren bei Ihnen? |
| *Herr Distler* | Das ist kein Problem. Sie fühlen sich wieder ganz jung. Einmal hat eine alter, amerikanischer Universitätsprofessor bei uns Deutsch gelernt. Er hat mir erzählt: Wenn er in der Klasse sitzt, möchte er am liebsten wie ein Schüler mit Papierkugeln nach dem Lehrer werfen. |

Überblick

How to say you are as tall or intelligent as someone else:

Ich bin **so** | groß / intelligent | *wie* | er / sie / mein Bruder

How to say someone is shorter or more intelligent than you are:

Er ist | klein**er** / intelligent**er** | *als* ich

But one-syllable words with a, o and u usually add an Umlaut:

Ich bin | **ä**lt**er** / gr**ö**ß**er** / j**ü**ng**er** | *als* sie | (alt) / (groß) / (jung)

Notice also:

| Er spricht so **gut** Französisch wie Deutsch | *but* | Er spricht **besser** Französisch als Italienisch |
| Ich lese jetzt so **viele** Zeitungen wie früher | *but* | Ich habe früher **mehr** Zeitungen gelesen als jetzt |

Comparing languages:

Wie schwer ist Deutsch für Sie? Es ist | leichter als / nicht so schwer wie | Französisch

Ich finde es | schwerer als / nicht so leicht wie | Französisch

Alle Sprachen sind gleich schwer.

Übungen

1 Deutsche Sprache, schwere Sprache!

On a holiday course in Germany discussion turns to comparing German with other languages. What is each student's opinion?

For the Italian German is harder than French.   Er findet Deutsch schwerer als Französisch.

The Belgian thinks that French and English   Er findet ....
are harder than German.

But in the Dutchman's opinion English is   ....
easier than German.

The Spaniard thinks that German is not as   ....
easy as French.

For the Greek, Italian and Spanish are easier   ....
than German.

In the American's opinion all languages are   ....
equally difficult!

And what's your opinion?   Ich finde ....

2 Was für ein Tier ist es?

After a visit to Hagenbecks Tierpark in Hamburg you play twenty questions with your host's children. The 'object' is an animal they have seen during their visit. How do you answer their questions?

Ist es so stark wie ein Bär?   ....

Ist es größer als ein Löwe?   ....

Ist es so klein wie eine Maus?   ....

Hat es mehr als zwei Beine?   ....

Kann es besser fliegen als gehen?   ....

Kann es besser schwimmen als gehen?   ....

Schwimmt es so gut wie ein Fisch?

Ist es ein Vogel?   ....

Dann ist es ein Pinguin!   Richtig, es ist ein Pinguin!

If there are two of you try some more for yourselves!

3 Noch drei kleine Rätsel

a Peter ist zwei Jahre älter als Dieter und ein Jahr jünger als Hans. Hans ist zwanzig Jahre alt. Wie alt sind Peter und Dieter?

b Inge ist 1,70 Meter groß. Sie ist vier Zentimeter kleiner als Petra. Gabi ist zwei Zentimeter größer als Petra. Wie groß ist Gabi?

c Herr Schmidt wiegt drei Kilo mehr als Herr Meyer. Herr Meyer wiegt drei Kilo weniger als Herr Müller. Herr Müller wiegt 70 Kilo. Wieviel wiegen Herr Schmidt und Herr Meyer?

4 Familienbild

Look back at the *Überblick* to Chapter 16 and then describe the members of this family group in as much detail as you can. Let your imagination wander! You could give them names, estimate their ages and heights, make comparisons between them, say what you can deduce about their likes, express your opinion about their clothes or character.

e.g.: Der Großvater ist fünfundsechzig Jahre alt, ungefähr fünf Jahre älter als seine Frau. Er ist schlank und ziemlich groß. Er hat ein breites Gesicht, trägt eine Brille – und hat eine Glatze. Er liest gern Zeitungen und Zeitschriften, besonders gern den *Stern.* Er sieht freundlich aus. Ich glaube, er ist meistens gut gelaunt.

Now describe members of your own family, or – if there are two of you – describe each other!

5 Was wird Herr Cofalka machen?

Herr Cofalka ist Lehrer in Hamburg. Er ist zweiunddreißig Jahre alt und ledig. Jürgen hat mit ihm über seine Ferienpläne gesprochen. Was wird Herr Cofalka machen?

Herr Cofalka

Jürgen	Die großen Sommerferien haben gestern angefangen, was für Pläne haben Sie, Herr Cofalka?
Herr Cofalka	Ich werde nach Schottland fahren.
Jürgen	Und wie werden Sie dorthin kommen?
Herr Cofalka	Ich habe Freunde, die ein Segelboot haben, und wir werden nach Schottland segeln.
Jürgen	Ist das nicht ein bißchen gefährlich?
Herr Cofalka	Ach, ich glaube, wir sind ganz gute Segler.
Jürgen	Wie lange, glauben Sie, wird die Überfahrt dauern?
Herr Cofalka	Ich meine, wenn wir gutes Wetter haben, werden wir in zwei Tagen dort ankommen.
Jürgen	Und wenn Sie schlechtes Wetter haben?
Herr Cofalka	Dann wird es natürlich ein bißchen länger dauern.

Wo wird Herr Cofalka seine Ferien verbringen?
Wie wird er dorthin kommen?
Mit wem wird er nach Schottland segeln?
Glaubt er, daß die Überfahrt gefährlich ist?
Wie lange wird die Überfahrt bei gutem Wetter dauern?
Und wenn das Wetter schlecht ist?

Wissenswertes
Deutschkurse in der BRD
Eine Delikatesse ist auf Bayerisch ein *Schmankerl*, ein Glas Bier ist *eine Maß*. Das lernt man bei einem Sprachkurs in der Bundesrepublik: In der Schule lernt man Hochdeutsch, auf der Straße oder in der Kneipe lernt man einen Dialekt, zum Beispiel Bayerisch oder Schwäbisch. Die Sprachschulen des *Deutschen Kulturinstituts* (Goethe-Institut) sind in vielen attraktiven Gegenden, in München, am Bodensee, am Rhein und in der Lüneburger Heide.

Acht Wochen nur Deutsch

Der Intensivkurs des Goethe-Instituts dauert acht Wochen. Anfänger können nach den acht Wochen tägliche Situationen meistern, einkaufen, ein Bier bestellen, leichte Konversation machen. Nur Deutsch ist erlaubt! Die Fortgeschrittenen perfektionieren ihr Können in Konversation, Lektüre, Orthographie. Und am Wochenende ist Zeit für das direkte Studium von Land und Leuten. Es gibt auch einen vier-Wochen-Kurs zum Aufpolieren der Sprache.
Information: die Goethe-Institute in London, Glasgow, Manchester und York oder die Münchener Zentrale des Goethe-Instituts, Lenbachplatz 3, D-8000 München 2. (Das Mindestalter für Studenten ist 18 Jahre.)

Die Sprachschulen des Goethe-Instituts

Deutschkurse in der Großstadt

In vielen Städten gibt es private *Sprachschulen*. Sie offerieren Intensivkurse von zwei bis drei Monaten und nicht ganz so intensive Ferienkurse von drei bis vier Wochen. An den Privatschulen kann man schon mit 16, 17 Jahren studieren.
Information (auch für Österreich und die Schweiz): Europäischer Privatschuldienst, 6 Frankfurt a.M., Postfach 16308, Untermainkai 82.
– Für den Geschäftsmann, der Geschäftsdeutsch lernen möchte, gibt es zum Beispiel die *Regent School* in Frankfurt, Zeil 83, D-6000 Frankfurt a.M.

Sommerkurse an Universitäten

Hochschulstudenten mit *gutem* und *sehr gutem* Deutsch können Sprache und Literatur, Kunst und Geschichte studieren. Diese Sommerkurse dauern drei bis sechs Wochen. Es gibt auch Informationskurse für Mediziner, Juristen, Tänzer; interessant für Musiker sind die *Internationalen Ferienkurse für Musik* in Darmstadt. Ein paar Universitäten haben auch deutsche Sprachkurse für Anfänger.
Information: Deutscher Akademischer Austauschdienst, 11–15 Arlington Street, London, SW1A 1RD oder DAAD, 53 Bonn-Bad Godesberg 1, Kennedy-Allee 50.

Aber es muß nicht immer die Bundesrepublik sein

Deutsch ist ja auch die Sprache der DDR und Österreichs. Es ist eine der Sprachen in der Schweiz und im Großherzogtum Luxemburg. Sie könnten auch nach *Namibia* (Südwestafrika) fahren, um Deutsch zu lernen: dort ist Deutsch eine offizielle Sprache!

eine Delikatesse	a delicacy	zum Aufpolieren	for polishing up
in der Kneipe	in pubs	Mindestalter	lowest age
meistern	master	Hochschulstudenten	university students
die Fortgeschrittenen	the advanced students	im Großherzogtum	in the Grand Duchy of

Key to Hören und Verstehen

Chapter

stolz sind wir auf	we're proud of
nicht mal	not even
einen Baum abschlagen	chop down a tree
drehbar	revolving
vertreten	represented
die ... geraucht wird	which is smoked
im EWG-Raum	in the EEC countries
EWG = Europäische Wirtschaftsgemeinschaft	European Economic Community
(*nowadays officially* EG = Europäische Gemeinschaft)	

Chapter

wenn Sie zur Tür hereinkommen	when you enter the building
bekommen Sie einen Schreck	you get a shock
Marmortreppe	marble staircase
wenn Sie höher steigen	if you go on up
wird das Geländer immer wackliger	the banister gets more and more rickety
Brandspuren	traces of fire
locker	loose
hängt ... herab	is coming away from ...
welche Höhle	what kind of a den
sind Sie ... angelangt	you've reached ...
ursprünglich	originally
müßte ich	I would have to
wir wollten Geld sparen	we wanted to save money
entworfen	designed

Chapter

eine Fläche	a surface area
so groß wie	as big as
nehmen wir Abfahrt und Ankunft zusammen	if we take arrivals and departures together
das ein- oder ausläuft	arriving or departing
Verbindungen nach	connections with
erfreulich hat sich der Handel ... entwickelt	trade ... has developed in a very satisfactory way
als die Rotchinesen hierher kamen	when the Red Chinese came here
mit Wahlsprüchen ... geschmückt	decorated ... with slogans
störten sie uns nicht weiter	they didn't bother us
als Dank dafür	in appreciation of this
am darauf folgenden Morgen	the following morning
muß ich entgegnen	I would say
verstaut	stowed away
dann wird geschlafen	then it's time to sleep
muß er an Land	he has to disembark
Sie kennen mich nicht wieder	you wouldn't recognise me

Chapter

vielfach	frequently
überwiegend	mainly
die über Vermögen verfügen	who are wealthy
bei denen	during which
Gymnastik treiben	do gymnastics
Badeort	spa
die ungewöhnlichste Reise	the most unusual holiday
Eisbärjagd	polar bear hunt

Chapter

Recipe   Opus 5   Eminencé à Deux.

Ingredients:	**Seasoning:**
400 gr (14 oz) veal	white pepper
$\frac{1}{4}$ l (just under $\frac{1}{2}$ pint) cream	salt
5 tbs. white wine	pinch of curry
oil and butter	10 cm (4″) leek (white part)
	1 bag rice (about 1 cup)
(Imperial measurements are approximate)	

Method:

Heat butter and oil in frying pan. Add diced veal and fry for two minutes. Remove veal from frying pan and drain off juice. Melt butter in frying pan and add finely sliced leek. Cook until browned. Add the wine. As soon as mixture comes to the boil stir in cream. Boil gently for ten minutes. Add salt and pepper to taste. Add veal and juice to boiling mixture and simmer gently.
Serve with curry rice.   (Serves two.)

As garnishing:

Wine: Sparkling white wine from the Palatinate.
Music: from Mozart's symphonies nos. 39–41.
Literature: Goethe's *Faust; Prolog im Himmel (Prologue in Heaven)*.

Chapter

ist ... gestorben	died
untersetzt	thick-set
ein Schauspieler oder ein Pfaffe	an actor or a parson
bescheiden	modest
selbstbewußt	self-confident
er wußte, was er konnte	he knew what he was capable of
ein ausgezeichneter Pianist	an excellent pianist
zum Tanz aufgespielt	played at dances
öfter, häufiger	frequently, quite a lot
war Kontrabaßspieler	played the double bass
Mitglied	member
ein origineller Kauz	a real character
ein reiner Ton ... ist ein	a pure note ... is a pure
reiner Zufall	accident
gewidmet	dedicated
d-Moll	in D minor
anerkannt	recognised
nach heutigem Geldwert	in terms of today's money

Chapter

die sogenannte Kernzeit	what is called the 'core time'
Zeitguthaben sammeln	collect credit time
haben Sie Erfahrungen . . . ?	do you have any data on . . . ?
durchgeführt	carried out
dabei festgestellt	ascertained
als Sie . . . eingeführt haben	when you introduced . . .
zunächst einmal	initially
auf Probe	experimentally
das Abstimmungsergebnis	the result of the vote
aller Angehörigen	of all employees
sich . . . ausgesprochen haben	voted for
haben Sie schlechte Erfahrungen . . . gemacht?	have you had any trouble . . . ?
gilt die Gleitzeit . . . ?	do these flexible working hours apply . . . ?
muß . . . erfassen lassen	has to have . . . recorded

Chapter

welche Tätigkeit üben Sie aus?	what's your job?
Wissenschaftsredakteur	science editor
ich redigiere	I edit
nicht nur Fehler, sondern auch Sünden gegen	not just mistakes, but also sins against
die kommen auch bei Journalisten vor	journalists make them too
muß die Zeitung gedruckt werden	the paper has to be printed
eine farbige Beilage	a colour supplement
wechselt sehr stark in ihrem Umfang	varies very greatly in its length
Löwenanteil	lion's share
bis auf die Börsennachrichten	except for the stock market report
gut bis in den Sonntag hinein	well on into Sunday
aus beruflichen Gründen	for professional reasons
damit	so that
das, was ich gelesen habe	the things I've read

Chapter

bevor Sie pensioniert wurden	before you retired
während Ihrer Berufszeit	while you were working
nachdem ich . . . aufgestanden bin	after getting up . . .
danach genießen wir in Ruhe unser Frühstück	then we enjoy our breakfast in peace and quiet
habe ich mich um mein Haus gekümmert	I did some work on my house
es reicht mir	I've had enough
wie hat sich . . . verändert?	how has . . . changed?
wir teilen unseren Arbeitstag gemeinsam ein	we divide the day's work between us
bediene ich den Staubsauger	I do the hoovering
die gegenwärtige Zeit	the present

Chapter

in erster Linie	first and foremost
geben Sie nur Sprachunterricht?	do you only teach the language?
Kursteilnehmer	course-members
mit Papierkugeln nach dem Lehrer werfen	throw paper balls at the teacher

Key to Übungen

Chapter 11

1 Wo liegt München genau? *München liegt im Alpenvorland.* Was für eine Stadt ist München? *Es ist die Landeshauptstadt von Bayern.* Wieviele Einwohner hat München? *München hat 1,3 (eins Komma drei) Millionen Einwohner.* Was für Industrie gibt es in München? *Es gibt sehr viel Industrie, z.B. Elektroindustrie und chemische Industrie.* Wie ist die Landschaft um München herum? *Sie ist hügelig mit vielen Wäldern und Seen.* Wo liegt Edinburg? *Edinburg liegt im Südosten Schottlands.* Was ist Edinburg für eine Stadt? *Edinburg ist die Hauptstadt von Schottland.* Wie groß ist Edinburg? *Es hat 475.000 (vierhundertfünfundsiebzigtausend) Einwohner.* Gibt es in Edinburg Industrie? *Nicht viel, Edinburg ist die Verwaltungsstadt für Schottland.* Wie ist die Umgebung von Edinburg? *Es ist eine Fluß- und Gebirgslandschaft* usw.

2 *Bonn* hat zweihundertsiebenundachtzigtausend Einwohner. *Düsseldorf:* siebenhundertfünfundzwanzigtausend. *Frankfurt:* sechshundertsiebzigtausend. *Hamburg:* eine Million achthundertfünfzigtausend. *Hannover:* fünfhundertzwanzigtausend. *Heidelberg:* einhundertdreiundzwanzigtausend. *Kiel:* zweihundertsiebzigtausend. *Köln:* eine Million. *Stuttgart:* sechshundertsiebenundzwanzigtausend. *West-Berlin:* zwei Millionen fünfzigtausend. *Köln, Hamburg* und *West-Berlin* sind Millionenstädte.

3a) Bückeburg: N   Frankfurt: J, R
    Göttingen: E, P   Hamburg: A, C, I, O, U
    Hilden: G   Iserlohn: K, S
    Köln: B, T   Münster: F, M
    München: B, D, H, L, Q

Chapter 12

1a) Wo wohnen Sie? *Ich wohne in Hamburg-Altona.* Wie wohnen Sie dort? *Ich wohne in einer (sehr schönen) Eigentumswohnung.* Wieviele Zimmer hat Ihre Wohnung? *Sie hat fünf Zimmer, Küche, Bad und ein WC, und einen sehr großen Keller und eine Garage.* Wie groß ist Ihr Wohnzimmer? *Es ist fünfunddreißig Quadratmeter groß.* Haben Sie auch einen Garten? *Nein, ich habe keinen Garten, aber ich habe einen großen Südbalkon* usw.

c) Einfamilienhaus, Baujahr 1969, 98 Quadratmeter Wohnfläche 3 Zimmer, Küche, Bad. Wohnzimmer 35 Quadratmeter. Großer Südbalkon, sehr großer Keller, Garage, ruhige Lage, drei Minuten zur Untergrundbahn. Kaufpreis DM 55.000,-. Besichtigung: Samstag von 10 bis 14 Uhr, Montag bis Freitag von 9 bis 17 Uhr.

2 *Feldmanns* wohnen im vierten Stock, *Böhms* wohnen im dritten Stock, *Heises* wohnen im zweiten Stock, *Bergmanns* wohnen im ersten Stock, *Königs* wohnen im Erdgeschoß.

3a) ein neuer Fernseher; ein großer Schrank; ein bequemes Sofa; aus Leder; ein helles Bild; ein Tisch aus Glas; ein dicker Teppich; eine hellblaue Tapete; aus Damast.

b) ein alter Fernseher; ein kleiner Schrank; ein unbequemes Sofa; aus Plastik; ein dunkles Bild; ein Tisch aus Holz; ein dünner Teppich; eine dunkelblaue Tapete; aus Nylon.

4 Im Wohnzimmer haben wir einen dunkelblauen Teppich. Im Gästezimmer haben wir einen gelben Teppich. Im Wohnzimmer haben wir ein buntes Blumenfenster. In der Küche haben wir eine kleine Eßecke. Im Kinderzimmer haben wir einen großen Schrank. Im Garten haben wir eine schöne Rasenfläche. In der Mitte haben wir einen kleinen Teich.

Chapter 13

1a) Ich habe gefrühstückt. Ich habe aufgeräumt. Ich habe eingekauft. Ich habe das Mittagessen gekocht. Ich habe beim Mittagessen Musik gehört. Ich habe die Fenster geputzt. Ich habe im Garten gearbeitet. Ich habe Tennis gespielt. Ich habe Verwandte besucht.

b) Von 8 bis 9 habe ich gefrühstückt. Von 9 bis 10 habe ich aufgeräumt. Von 10 bis 12 habe ich eingekauft. Von 12 bis 1 habe ich das Mittagessen gekocht. Von 1 bis 2 habe ich beim Mittagessen Musik gehört. Von 2 bis 3 habe ich die Fenster geputzt. Von 3 bis 5 habe ich im Garten gearbeitet. Von 5 bis 7 habe ich Tennis gespielt. Von 7 bis 8 habe ich Verwandte besucht.

c) z.B. Heute vormittag habe ich zwei Stunden eingekauft.

2 Am Freitag vormittag habe ich gerudert, und mein Mann hat Tennis gespielt *or* Am Freitag vormittag habe ich Tennis gespielt, und meine Frau hat gerudert (*or* ist rudern gegangen). Am Freitag nachmittag habe ich photographiert, und mein Mann hat gemalt. Am Freitag abend haben wir Schach gespielt; gemalt, Golf gespielt; Tennis gespielt; Gitarre gespielt, Radio gehört; gefilmt; gesegelt, geangelt; Karten gespielt.

3 Haben Sie eine gute Überfahrt gehabt? Wie lange hat die Überfahrt gedauert? Was haben Sie die ganze Zeit gemacht? Wo haben Sie getanzt? Mit wem haben Sie getanzt? Haben Sie zollfrei eingekauft? Haben Sie auch Zigaretten gekauft?

4a) *Herr Busch* hat in Ruhe gefrühstückt, dann hat er den ganzen Morgen im Haus gearbeitet. Er hat aufgeräumt, geputzt, gekocht. Beim Mittagessen hat er die Nachrichten und auch ein bißchen Musik gehört. Nachmittags hat er im Garten gearbeitet und gebastelt. Er hat am Abend Freunde besucht. Sie haben zusammen Karten gespielt.

Herr Strohmeyer hat am Morgen im Studio gearbeitet, dann hat er eine halbe Stunde Mittagspause gemacht. Er hat Kaffee gekocht und ein paar Zigaretten geraucht. Am Nachmittag hat er für eine Modezeitschrift photographiert. Am späten Nachmittag hat er seine Filme entwickelt. Am Abend hat er ein neues Gericht gekocht.

Fräulein Giselhof hat heute von 8 bis 16.30 Uhr im Büro gearbeitet. Bis Mittag hat sie viel stenographiert und um 10.30 Uhr hat sie Kaffee gekocht. Sie hat eine Stunde Mittagspause gehabt. In der Mittagspause hat sie eingekauft. Am Nachmittag hat sie Briefe getippt und auch sehr viel telefoniert. Nach Feierabend hat sie in einer Diskothek getanzt.

b) z.B. Was haben Sie heute nachmittag gemacht? *Ich habe im Garten gearbeitet.* Wo haben Sie heute morgen gearbeitet? *Ich habe im Studio gearbeitet.* Wie lange haben Sie heute gearbeitet? *Ich habe von 8 bis 16.30 Uhr gearbeitet.*

Chapter 14

1 aus dem Urlaub zurückgekommen; Hesselbachs angerufen; zu einer Party eingeladen; um 8 angefangen; mit dem Wagen hingefahren; zu viel getrunken; nach Hause gefahren; bei Hesselbachs geschlafen; ins Büro gekommen.

2 *Mo.*: Ich bin um 9.18 Uhr in Darmstadt angekommen. Ich bin abends um 18.52 Uhr nach Frankfurt gefahren. Ich bin um 19.11 Uhr in Frankfurt angekommen.
Di.: um 8.55 Uhr abgefahren; um 10.15 Uhr in Karlsruhe angekommen; um 16.08 Uhr nach Frankfurt gefahren; um 17.28 Uhr angekommen.
Mi.: um 8.55 Uhr abgefahren; um 9.39 Uhr in Mannheim angekommen; um 18.13 Uhr nach Frankfurt gefahren; um 19.11 Uhr angekommen.
Do.: um 7.36 Uhr abgefahren; um 10.22 Uhr in Freiburg angekommen; um 17.06 Uhr nach Frankfurt gefahren; um 19.26 Uhr angekommen.
Fr.: um 7.36 Uhr abgefahren; um 9.08 Uhr in Karlsruhe angekommen; um 14.55 Uhr nach Frankfurt gefahren; um 16.17 Uhr angekommen.

3 . . . bin ich spazierengegangen; . . . habe ich Freunde getroffen; . . . bin ich Ski gelaufen; . . . habe ich den ganzen Tag in der Sonne gesessen; . . . bin ich nach Innsbruck gefahren; . . . habe ich

Briefe und Ansichtskarten geschrieben.

4 Sind Sie viel geschwommen? Sind Sie viel geritten? Sind Sie auf den Feldberg gestiegen? Haben Sie morgens lange geschlafen? Haben Sie viel gelesen? Sind Sie zu einem Weinfest gegangen? Haben Sie Kirsch getrunken? Haben Sie Schwarzwälder Kirschtorte gegessen?

Chapter 15

1 *Schmiemanns*: a) gar nicht b) sehr laut c) überhaupt nicht d) viele e) die ganze Zeit schlecht.
Best: a) sehr b) sehr ruhig c) sehr viel d) überhaupt keine e) die ganze Zeit gut.
Kerstens: a) relativ b) ziemlich/relativ laut c) viel d) wenige e) die meiste Zeit schlecht.

2a) Die Wohnung hat vier Zimmer, Bad, WC, Küche und Flur. Das Wohnzimmer ist 18 qm groß. You could also ask: *Hat die Wohnung auch einen Balkon?* Sie hat zwei Balkons, einen West- und einen Ostbalkon. *Gibt es eine Eßecke in der Küche?* Ja, und auch im Wohnzimmer usw.

b) Zum Beispiel: Wohnung in Augsburg. 4 Zimmer, Küche, Bad mit WC, Gäste-WC, Flur, 2 Balkone, Wohnfläche ca. 80 qm. Sofort zu vermieten.

c) This is the Müllers' flat (see chapter 12, dialogue 3, on page 13).

3 z.B. Wir sind mit dem Schiff gefahren. Wir sind am Freitag um 23.00 Uhr abgefahren. Die Überfahrt hat acht Stunden gedauert. Wir haben an der Bar ein bißchen getrunken und dann eine halbe Stunde getanzt. Dann sind wir schlafen gegangen. Wir waren in Trelleborg. Wir haben in einem Hotel gewohnt – wir waren mit dem Hotel zufrieden. Wir haben ein Museum und zwei Schlösser besucht. Es hat uns dort sehr gut gefallen.

4 *Kiel*: an der Ostsee. *Stuttgart*: in Baden-Württemberg. *Bonn*: südlich von. *Frankfurt*: nicht weit vom Taunus. *Heidelberg*: am Neckar. *Hamburg*: in Norddeutschland. *Köln*: am Rhein. *München*; ganz im Süden. *Augsburg*:

nordwestlich. *Freiburg*: im Schwarzwald. *Ulm*: an der Donau. *Celle*: in der Nähe von

Chapter 16

1a) Wie sieht er aus? Was für ein Mensch ist er? Wie kommt er mit anderen Leuten aus? Was macht er in seiner Freizeit?

b) Er ist dick, er hat rote Haare und kleine graugrüne Augen. Er hat ein breites Gesicht. Er ist oft schlecht gelaunt, unzuverlässig und humorlos. Er kommt mit anderen Leuten nicht gut aus. In seiner Freizeit spielt er in einer Popgruppe und trinkt zu viel Bier.

2 Sie ist groß, etwa 1,80 m, dick und ungefähr 45 Jahre alt. Sie hat große dunkelblaue Augen, lange, blonde Haare und ein breites Gesicht. Sie hat einen großen Mund, und sie sieht freundlich und humorvoll aus.

Sie ist ziemlich klein, etwa 1,55 m, schlank und ungefähr 50. Sie trägt eine Brille. Sie hat braune Augen, kurze, graue Haare, ein schmales Gesicht und eine große Nase. Sie sieht sehr nervös aus.

Er ist mittelgroß, etwa 1,70 m, ungefähr 55 Jahre alt und normal gebaut. Er hat graugrüne Augen, lange, schwarze Haare und ein breites Gesicht. Er hat einen kleinen Mund. Er sieht unzuverlässig aus.

3 A10, B6, C7, D8, E9, F4, G3, H1, I2, J5.

4a) Die junge Dame ist klein, sie hat kurze, braune Haare, braune Augen und trägt eine Brille. Sie ist normal gebaut, ziemlich attraktiv, und ist konservativ gekleidet. Sie trägt gerne helle Sachen. Sie ist geschieden, meistens gutgelaunt, freundlich, humorvoll und zuverlässig. Sie ist niemals unfreundlich, unzuverlässig oder aggressiv, aber manchmal ist sie schlechtgelaunt und unzufrieden. Sie ist sehr sportlich.

b) Ihr idealer Partner ist mittelgroß, er hat kurze, schwarze Haare und einen Bart, er hat graugrüne Augen und trägt eine Brille. Er ist schlank, ist ziemlich attraktiv und ist konservativ gekleidet. Er trägt gerne dunkle Sachen. Er ist

ledig, meistens freundlich, humorvoll,
zufrieden, zuverlässig, resolut und
sehr aktiv.

Chapter 17

1 *Borg*: . . . zu jung ist. *Schmidt*: Ich
finde, daß er nicht genug Erfahrung
hat. *Kroll*: Ich finde, daß er ein bißchen
zu aggressiv ist. *Beck*: Ich finde, daß er
zu langsam denkt. *Masch*: Ich finde,
daß er zuverlässig aussieht. *Klemke*:
Ich finde, daß sie autoritär und
humorlos sind.

2 Nein, ich glaube, daß er jetzt
verheiratet ist. Ja, ich glaube, daß er
jetzt zwei Kinder hat. Ich glaube, daß
sie zwei und drei Jahre alt sind. Ich
glaube, daß sie sehr attraktiv ist. Ich
glaube, daß er jetzt bei einem großen
Chemiekonzern arbeitet. Ich glaube,
daß er einen dicken Mercedes fährt.
Ich glaube, daß er kurze Haare und
keinen Bart mehr hat, und ich glaube,
daß er eine Brille trägt.

3a) Wann sind Sie heute morgen zur
Arbeit gekommen? Kommen Sie
immer zur gleichen Zeit? Was halten
Sie von der gleitenden Arbeitszeit?
Was, glauben Sie, sind die Vorteile?
Glauben Sie, daß die gleitende
Arbeitszeit auch Nachteile hat? Was
hält Ihr Mann von der gleitenden
Arbeitszeit?

b) *Kries*: Ich bin um zwanzig vor acht
gekommen. Nein, ich komme
manchmal um zwanzig nach acht,
manchmal um halb neun, manchmal
um Viertel vor neun. Ich glaube, daß
sie große Vorteile hat. Man kann die
Anfangszeit und die Endzeit seiner
Arbeit selber bestimmen. Ich glaube
nicht.
Schümann: Ich bin um halb neun
gekommen. Normalerweise ja. Ich
glaube, daß sie Vorteile und Nachteile
bringt. Ich meine, daß ich mehr
Freiheit habe. Ja, ich glaube, daß sie
auch Nachteile hat *or* Ja, das glaube
ich schon.

4a) Zum Beispiel: Ich finde, daß Deutsch
sehr leicht ist. Ich meine, daß
Wegweiser schwierig ist. Ja, ich
glaube, daß es sehr wichtig ist, ein

Radio zu haben. Ich finde, daß sie zu
laut ist. Ich finde, daß sie relativ
interessant sind. Ich finde, daß es sehr
gesund ist usw.

Chapter 18

1 . . . kauft eine Tageszeitung. *Herr Rust*
kauft eine Regionalzeitung. *Herr
Meyer* kauft eine überregionale
Zeitung. *Fräulein Blech* kauft eine
Ansichtskarte. *Frau Foster* kauft eine
Wochenzeitung. *Herr Benner* kauft
eine Illustrierte.

2 *Maske*: Ich interessiere mich für
'Literatur'. *Behrens*: Ich interessiere
mich für 'Leserbriefe'. *Siegert*: Ich
interessiere mich für 'Politik'. *Stein*:
Ich interessiere mich für 'Immobilien'.
Grünhof: Ich interessiere mich für
'Wirtschaft'. *Telle*: Ich interessiere
mich für 'Reise'. *Bauer*: Ich interessiere mich für 'Wissenschaft'.

3a) Ich lese den *Daily Express*. Nein, es ist
eine große, überregionale Zeitung. Es
ist eine Tageszeitung. Sie erscheint in
London und Manchester, aber man
kann sie überall kaufen. (Ich lese
zuerst) den Leitartikel. (Ich lese) die
Sportseite/den Sportteil (nicht). Der
Zeitungsjunge bringt sie ins Haus.
Nie! Ich lese nie Illustrierte.

b) Ich lese die *Süddeutsche Zeitung*. Es
ist eine überregional Zeitung. Es ist
eine Tageszeitung. Sie erscheint in
München, aber man kann sie überall
kaufen. (Ich lese zuerst) die Titelseite.
Die Lokalseite (lese ich nicht). Ich
kaufe sie am Kiosk um die Ecke.

4

```
┌─┬─┬─┬─┬─┬─┬─┬─┬─┬─┐
│¹K│E│I│N│E│ │²N│ │³S│⁴L│
├─┼─┼─┼─┼─┼─┼─┼─┼─┼─┤
│I│⁵E│⁶B│R│I│G│I│T│T│E│
├─┼─┼─┼─┼─┼─┼─┼─┼─┼─┤
│O│C│E│⁷L│ │E│⁸W│E│I│
├─┼─┼─┼─┼─┼─┼─┼─┼─┼─┤
│S│⁹K│R│E│U│Z│W│O│R│T│
├─┼─┼─┼─┼─┼─┼─┼─┼─┼─┤
│K│E│L│S│ │ │C│N│A│
├─┼─┼─┼─┼─┼─┼─┼─┼─┼─┤
│¹⁰S│P│I│E│G│E│L│H│ │R│
├─┼─┼─┼─┼─┼─┼─┼─┼─┼─┤
│¹¹B│N│N│ │ │ │ │E│ │T│
├─┼─┼─┼─┼─┼─┼─┼─┼─┼─┤
│ │¹²Z│E│I│T│U│N│G│ │I│
├─┼─┼─┼─┼─┼─┼─┼─┼─┼─┤
│¹³D│E│R│¹⁴P│O│L│I│T│I│K│
├─┼─┼─┼─┼─┼─┼─┼─┼─┼─┤
│ │I│¹⁵E│¹⁶F│A│M│I│L│I│E│
├─┼─┼─┼─┼─┼─┼─┼─┼─┼─┤
│ │T│¹⁷R│E│G│I│O│N│A│L│
└─┴─┴─┴─┴─┴─┴─┴─┴─┴─┘
```

Chapter 19

1 a) Am Montag besuche ich 'Planten un Blomen'. Am Dienstag gehe ich in die Hamburgische Staatsoper. Am Mittwoch steige ich auf den Fernsehturm und esse im Restaurant. Am Donnerstag besuche ich Hagenbecks Tierpark. Am Freitag steige ich auf den Aussichtsturm der St. Michaelis-Kirche. Am Samstag mache ich einen Rundflug über Hamburg.

   b) Am Montag besuche ich um 14.00 Uhr 'Planten un Blomen'. Am Dienstag gehe ich um 19.30 Uhr in die Hamburgische Staatsoper. Am Mittwoch steige ich um 11.30 Uhr auf den Fernsehturm und esse um 12.30 Uhr im Restaurant. Am Donnerstag besuche ich um 9.00 Uhr Hagenbecks Tierpark. Am Freitag steige ich um 11 Uhr auf den Aussichtsturm der St. Michaelis-Kirche. Am Samstag mache ich um 10.00 Uhr einen Rundflug über Hamburg.

2 a) Answers may vary, but each sentence should begin with *ich werde* (z.B. ich werde nach dem Mittagessen schlafen), *mein Mann/meine Frau wird* (z.B. mein Mann/meine Frau wird viel Musik hören) or *wir werden* (z.B. wir werden früh ins Bett gehen).

3 Sie werden in zwei Jahren heiraten. Sie werden wahrscheinlich eine weiße Hochzeit haben. Sie werden in Hamburg wohnen. Sie werden kein Haus kaufen. Beide werden die Arbeit im Haushalt machen. Joachim wird kochen, putzen und Betten machen. Beide werden die Hosen anhaben.

4 *Fräulein Penning* wird eine ganz ruhige Woche haben. Sie wird Zeit für ihre besten Freunde haben. Und sie wird mit allen gut auskommen. *Frau Oswald*: Die Familie wird zu Besuch kommen! Vielleicht wird sie auf eine lange Reise gehen. *Dr. Dietl* wird in den nächsten Tagen einen wichtigen Brief bekommen. Vielleicht wird er auch ein bißchen Geld bekommen. *Fräulein Spahr* wird besonders am Anfang der Woche sehr oft ausgehen.

Sie wird einen alten Freund wiedersehen. *Herr Weise*: Die neue Woche wird Probleme in der Familie bringen. Er wird die ganze Woche leicht nervös sein. *Herr Arendts*: Am Montag werden zwei schöne Wochen anfangen. Im Beruf wird alles gut gehen. Auch im Privatleben wird er Glück haben. *Herr Kloß* wird eine sehr aktive Woche haben. Er wird neue Freunde treffen, vielleicht ein neue Freundin fürs Leben. *Fräulein Gneuß*: Nächste Woche wird nichts Gutes bringen. Sie wird große Probleme haben. *Herr Vogel*: Nächste Woche wird Glück in der Liebe bringen. Er wird auch wichtige Pläne machen. *Herr Winkelmann* wird zu viel arbeiten. *Herr Memel* wird Differenzen mit einem alten Freund haben. Aber am Wochenende wird er ein Geschenk bekommen!

Chapter 20

1 *Belgian*: Er findet Französisch und Englisch schwerer als Deutsch. *Dutchman*: Er findet Englisch leichter als Deutsch. *Spaniard*: Er findet Deutsch nicht so leicht wie Französisch. *Greek*: Er findet Italienisch und Spanisch leichter als Deutsch. *American*: Er findet alle Sprachen gleich schwer.

2 Nein, es ist nicht so stark wie ein Bär. Nein, es ist kleiner (nicht größer) als ein Löwe. Nein, es ist nicht so klein wie (größer als) eine Maus. Nein, es hat nicht mehr als zwei Beine. Nein, es kann besser gehen als fliegen. Ja, es kann besser schwimmen als gehen. Ja, es schwimmt so gut wie ein Fisch.

3 a) Peter ist 19. Dieter ist 17.

   b) Gabi ist 1,76 m groß.

   c) Herr Schmidt wiegt 70 Kilo, und Herr Meyer wiegt 67 Kilo.

5 Herr Cofalka wird seine Ferien in Schottland verbringen. Er wird dorthin segeln. Er wird mit Freunden segeln. Nein, er glaubt, daß sie ganz gute Segler sind. Die Überfahrt wird bei gutem Wetter zwei Tage dauern. Dann wird es ein bißchen länger dauern.

Grammar Summary
A summary of the new grammar introduced in chapters 11–20

Nouns

You already know

	der Hut?	**Den** Hut	
Was kostet	**die** Uhr?	**Die** Uhr	nehme ich
	das Buch?	**Das** Buch	
Was kosten	**die** Karten?	**Die** Karten	

	dem Bus	(der Bus)
Wir fahren mit	**der** Straßenbahn	(die Straßenbahn)
	dem Auto	(das Auto)
	den Fahrrädern	(die Fahrräder *pl.*)

Now you have also met ". . . of the . . ."

Sie finden dort die Zentrale **des** Buchhandels (der Buchhandel)
Bückeburg liegt am Rand **der** Tiefebene (die Tiefebene)
Die Lampe steht in der Mitte **des** Zimmers (das Zimmer)
Köln ist eine **der** Millionenstädte (die Städte *pl.*)

Adjectives

Basic Forms

Der Tisch ist **rund**   Der Kollege sieht **nett** aus
Die Lampe ist **klein**   Seine Frau sieht nicht **schlecht** aus
Das Sofa ist **groß**   Ihr Kind sieht **niedlich** aus

But in front of nouns adjectives have an ending:

	ein rund**er** Tisch	Der rund**e** Tisch	
In der Mitte steht	eine klein**e** Lampe	Die klein**e** Lampe	hat viel gekostet
	ein groß**es** Sofa	Das groß**e** Sofa	

You always use these forms in front of nouns coming before and after **sein** and **werden**:

Er ist ein eigenartig**er** Mensch
Brahms ist ein reich**er** Mann geworden

But remember that adjectives before **der** words change in the following sentence pattern:

Im Wohnzimmer	einen rund**en** Tisch	Den rund**en** Tisch	
haben wir	eine klein**e** Lampe	Die klein**e** Lampe	habe ich selbst gemacht
	ein groß**es** Sofa	Das groß**e** Sofa	

Forms of the adjectives after **von** (also after **aus**, **bei**, **mit**, **nach**, **seit**, **zu**):

	von der	gleitend**en** Arbeitszeit?	(die Arbeitszeit)
	von den	viel**en** Streiks?	(die Streiks *pl.*)
Was halten Sie			
	vom*	politisch**en** Teil?	(der Teil)
		heutig**en** Stadtleben?	(das Leben)

* = von dem

Adjectives from names of towns are usually formed by adding - **er**,
e.g. Münchener, Hamburger, Frankfurter. This ending never changes.

Das ist ein	**Münchener**	Bier
Er telefoniert mit seinen	**Hamburger**	Freunden
Ich lese den	**Frankfurter**	Lokalteil

Comparisons

Er ist	dicker intelligenter	**als**	ich seine Schwester

One-syllable words usually add an Umlaut:

Ihr Mann ist	**älter** **größer** **jünger**	als sie

You can also compare things this way

Deutsch ist	**so schwer wie**	Französisch
Englisch ist nicht	**so leicht wie**	Spanisch

Verbs

Talking about the past
When you talk about what you have been doing, the verbs you will need to use change in one of two ways. This is the first way:

Ich **habe gesegelt**	(segeln)
Er **hat** die Fenster **geputzt**	(putzen)
Wir **haben** Tennis **gespielt**	(spielen)

This is the second way:

Ich **habe** Fische **gefangen**	(fangen)
Keiner **hat** uns **gesehen**	(sehen)
Sie **haben** die *Zeit* **gelesen**	(lesen)

Ich **habe** Briefe **geschrieben**	(schreiben)
Er **hat** nichts **getan**	(tun)
Sie **haben** ein Bier **getrunken**	(trinken)

Verbs starting with **be-** or **ver-** or ending in **-ieren** do not add a **ge-**

Ich habe ein paar Verwandte **besucht**	(besuchen)
Sie hat 30 DM **verdient**	(verdienen)
Wir haben eine Kabine **reserviert**	(reservieren)
Der Polizist hat mich nicht **verstanden**	(verstehen)
Er hat einen Brief **bekommen**	(bekommen)

A few verbs do not belong fully to either of the two main groups

Er hat seinen Urlaub in Spanien **verbracht**	(verbringen)
Daran habe ich nicht **gedacht**	(denken)

Verbs in two parts (cf. *Wegweiser* Book 1 page 13)

Ich habe	**aufgeräumt**	(aufräumen)
Er hat Lebensmittel	**eingekauft**	(einkaufen)
Wir haben die Krabben	**weggeworfen**	(wegwerfen)

With some verbs, mostly those describing movement, you say:

ich bin	er sie es	**ist** . . .	wir sie Sie	**sind** . . .

Ich	**bin**	in die Stadt **gefahren**
Der Busfahrer	**ist**	**ausgestiegen**
Wir	**sind**	abends **angekommen**

But you also use **ich bin** etc. with **werden, bleiben** and **sein**:

Ich **bin** 81 **geworden**
Er **ist** acht Tage **geblieben**
In diesem Jahr **sind** wir in Spanien **gewesen**

Talking about the Future

There are two ways of talking about what you are going to do. In many cases you can use either.

a) Sentences like these frequently refer to the near future and often include an expression of time. They are used more in colloquial speech.

Morgen	mache ich eine Hafenrundfahrt
Am Dienstag	macht Herr Wutsdorff zwei Besuche
Nächste Woche	fahren wir in Urlaub

b) Sentences like these often refer to the more distant future, and often suggest you are sure about what you say.

Ich	**werde**	ins Theater **gehen**
Er	**wird**	als Pensionär kochen **lernen**
Wir	**werden**	in zwei Jahren **heiraten**

Word order

Statements

Ich	**bin**	**geritten**
Er	**hat**	mit einem netten Mädchen **getanzt**
Wir	**werden**	in zwei Jahren **heiraten**
Sie	**werden**	schwimmen **gehen**

You use a different word order to stress when, where etc. something happens:

Dann	**hat**	er **eingekauft**
In Hamburg	**wird**	er eine Hafenrundfahrt **machen**

And if you want to emphasise the action, you can use this word order:

Gefrühstückt	**habe**	ich eigentlich nicht
Kommen	**wird**	er heute nicht mehr

Questions

	Sind	Sie heute mit dem Auto **gefahren?**
	Hat	er so lange **geschlafen?**
	Werden	Sie kochen **lernen?**
Wo	**ist**	sie **hingefahren?**
Wann	**haben**	Sie die Wohnung **gekauft?**
Wie oft	**werden**	Sie nach Hause **fahren?**

When expressing your opinion

Meiner Meinung nach **hat er** nicht genug Erfahrung
Ich glaube, **der Zug ist** schon abgefahren
Ich finde, **er ist** unzuverlässig
Ich finde, **daß sie** nur Vorteile **hat**
Ich meine, **daß ich** mehr Freiheit **habe**

Notice that after **daß,** the verb is at the end of the sentence.

Glossary

In the case of **der** and **das** words there are two entries in brackets, e.g. das Zimmer (-s; -). The first entry refers to the form 'des Zimmers' (see *Grammar Summary*, page 88). The second entry shows the plural form; with **die** words only the plural form is given. Abbreviations are (m.) masculine, (f.) feminine, (pl.) plural, (N.P.) no plural. With verbs the **er** form of the present is shown when it does not follow the basic pattern and the past form is always shown. The meanings given apply only to the sense in which the German words are used in the texts.

A

ab: ab und zu *occasionally*
abends *in the evening*
aber *but*

das Abendessen (-s; -) *dinner*
abfahren (er fährt ab, ich bin abgefahren) *to leave, depart*

die Abfahrt (-en) *departure*
abgelegen *remote, isolated*

die Abneigung (-en) *dislike, distaste*; ich habe eine Abneigung gegen *I can't stand*

das Abonnement (-s; -s) *subscription (pronounced as in French)*

die Abreise (-n) *departure*; bei der Abreise *when he leaves*
absolut *absolutely*

die Abteilung (-en) *department*
abwaschen (er wäscht ab, ich habe abgewaschen) *to wash up*

der Affe (-n; -n) *monkey, ape*

das Affengehege (-s; -) *monkey enclosure*
ähnlich *similar*; ist sie Ihnen ähnlich? *is she like you?*
allein *alone, on your own, by yourself*
allenfalls *except possibly*

das Alpenvorland *foothills of the Alps*
als *than, as, for*
also *thus so, consequently, then, therefore*

die Alster *Alster (lake in Hamburg)*
alt *old, ancient*

der Altbau (-s; -ten) *old building*
altmodisch *old-fashioned*
amüsant *funny*
andere, anderes etc. *other, another*
ändern: wie sich die Zeiten ändern! *how times change!*
anderthalb *one and a half*

der Anfang (-s; -e) *start, beginning*
anfangen (er fängt an, ich habe angefangen) *to start, begin*

die Anfangszeit (-en) *starting time*
angeblich *supposedly*

angeln (ich habe geangelt) *to fish, go fishing*
anhaben: wer wird die Hosen anhaben? *who will wear the trousers?*

die Angst (-e) *fear*; hatten sie Angst vor . . . ? *were they afraid of . . . ?*
ankommen (ich bin angekommen) *to arrive*
anrufen (ich habe angerufen) *to call, ring, phone*

die Ansicht (-en) *view, idea*

die Ansichtskarte (-n) *picture postcard*

der Antiquitätenladen (-s; -) *antique shop*

der Apotheker (-s; -) *chemist, pharmacist*

die Arbeit (-en) *work*
arbeiten (ich habe gearbeitet) *to work*

die Arbeitsbesprechung (-en) *meeting*

die Arbeitsmethode (-n) *method of work*
auch *also, too, as well*

die Aufgabe (-n) *job, task*

die Aufnahme (-n) *photo, picture*
aufräumen (ich habe aufgeräumt) *to tidy up*
aufschreiben (ich habe aufgeschrieben) *to write down*

das Auge (-s; -n) *eye*

der Augenblick (-s; -e) *moment*; im Augenblick *at present, at the moment*
aus *from, out of, made of*

der Ausblick (-s; -e) *view*
ausdenken (ich habe ausgedacht) *to think up, concoct*

der Ausflug (-s; -e) *excursion, outing*
ausgehen (ich bin ausgegangen) *to go out*
ausgelegt *fitted*
ausgesprochen *very, decidedly*
ausgezeichnet *excellent*
auskommen (mit) (ich bin ausgekommen) *to get on (with)*
ausländisch *foreign*
ausruhen: ich habe mich gut ausgeruht *I had a good rest*; zum Ausruhen *as relaxation*
aussehen (er sieht aus, ich habe ausgesehen) *to look*; sieht gut aus *is good-looking*; wie sieht er aus? *what does he look like?*

das Aussehen (-s; -) *appearance*
außer *except, moreover, besides*
außerdem *in addition*

die Aussicht (-en) *view*

der Aussichtsturm (-s; -e) *tower with observation platform*
aussteigen (ich bin ausgestiegen) *to get off*
aussuchen (ich habe ausgesucht) *to pick, choose*
auswählen (ich habe ausgewählt) *to pick, choose*

B

das Baden (-s; N.P.) *swimming*

das Badezimmer (-s; -) *bathroom*

Die Badischen Neuesten Nachrichten *'Baden Latest News'*

der Balkon (-s; -e) *balcony*

die Banane (-n) *banana*

der Bär (-en; -en) *bear*

der Barockstil (-s; -e) *baroque style*

der Bart (-s; ̈e) *beard*

basteln (ich habe gebastelt) *to make things (as a hobby), to 'do-it-yourself'*

das Baujahr (-s; -e) *year of construction*

der Baum (-s; ̈e) *tree*

bayerisch *Bavarian*

bedienen (ich habe bedient) *to work, run*

begeistert *keen, enthusiastic*

beginnen (ich habe begonnen) *to begin, start*

beide *both, the two*

das Bein (-s; -e) *leg*

das Beispiel (-s; -e) *example*; zum Beispiel *(abbreviated* z.B.*) for example (e.g.)*

bekannt *well-known*; wir haben einen Bekannten *we have a friend*

bekommen (ich habe bekommen) *to get, receive*

bekreuzigen: sich bekreuzigen *to make the sign of the cross*

beliebt *popular*

Der Berliner Tagesspiegel *'Berlin Daily Mirror'*

der Beruf (-s; -e) *job, profession*

bemerken (ich habe bemerkt) *to notice*

beobachten (ich habe beobachtet) *to watch, observe*

bequem *comfortable*

der Berg (-s; -e) *mountain*

berichten (ich habe berichtet) *to report*

berufstätig *working, in employment*

beschreiben (ich habe beschrieben) *to describe*

die Besichtigung (-en) *inspection*

besonders *especially, particularly*

besser *better*

bestellen (ich habe bestellt) *to order*

bestimmen (ich habe bestimmt) *to determine, decide*; bestimmt *definitely*

der Besuch (-s; -e) *visit*; Besuch auf *visit to*

besuchen (ich habe besucht) *to visit, go to see*

beten (ich habe gebetet) *to pray*

betreuen (ich habe betreut) *to look after*

das Bett (-s; -en) *bed*

die Bevölkerung (-en) *population*

bevorzugen (ich habe bevorzugt) *to prefer*

bewaldet *wooded*

bewegen: um sich zu bewegen *to move*

der Bierdeckel (-s; -) *beer mat*

das Bild (-s; -er) *picture, painting, photo*

billig *cheap*

bis *up to, as far as, until, to*

bisher *up to now, until now, so far*

blau *blue*

das Blumenfenster (-s; -) *window decorated with indoor plants*

der Blumenkasten (-s; ̈) *window-box*

der Blumenmarkt (-s; ̈e) *flower-market*

Bord: an Bord *on board*

botanisch *botanical*

die Bratkartoffeln (pl.) *fried potatoes*

brauchen (ich habe gebraucht) *to need, have to*

brauen (ich habe gebraut) *to brew*

der Brauer (-s; -) *brewer*

die Brauerei (-en) *brewery*

braun *brown, sun-tanned*

breit *broad, wide*

die Briefmarke (-n) *postage stamp*

Die Brigitte *woman's magazine (weekly)*

die Brille (-n) *(pair of) glasses, spectacles*

bringen (ich habe gebracht) *to bring*

der Bruder (-s; ̈) *brother*

die Bücherwand (̈e) *wall covered with bookshelves*

der Buchhandel (-s; N.P.) *book-trade*

das Büffet (-s; -s) *sideboard, buffet*

der Bungalow (-s; -s) *bungalow*

bunt *brightly coloured, of different colours*

das Büro (-s; -s) *office*

der Büroklatsch (-s; N.P.) *office gossip*

der Bus (Busses; Busse) *bus*

der Busfahrer (-s; -) *bus driver*

der Busch (-es; ̈e) *bush*

die Busfahrt (-en) *bus trip*

C

der Charakter (-s; -e) *character*

chemisch *chemical*

der Chemie-Konzern (-s; -e) *chemical combine*

D

dabei: für jeden Geschmack ist etwas dabei *there's something for everyone*; und dabei Karten spielt *and plays cards at the same time*

der Dachgarten (-s; ̈) *roof garden*

dahin *(to) there*

der Damast (-s; -e) *damask*

danach *after that, afterwards*

dann *then*

dauern (es hat gedauert) *to last, take (of time)*

dazu: dazu vier passende Stühle *and four matching chairs*

denken (ich habe gedacht) *to think*

denn *for, then*

denselben: an denselben Ort *to the same place*

deshalb *therefore, for this reason*

Deutschland *Germany*

dick *fat*

die *the, which, who*

diese *this, these*

das Ding (-s; -e) *thing*; vor allen Dingen *especially*

direkt *immediately, direct*

doch *of course, yes (for emphasis), but*

das Dorf (-s; ˉer) *village*

dort *there*; von dort aus *from there*

dorthin *(to) there*

der Draht (-s; ˉe) *wire*

drehbar *revolving*

dreieinhalb *three and a half*

der Druck (-s; -e) *print, reproduction*

drum herum *all around (it)*

dunkel *dark*

dunkelbraun *dark brown*

die Dunkelheit (N.P.) *dark, darkness, dusk*

dünn *thin*

durch *through*

E

eben *of course*

ebenfalls *as well*

die Ecke (-n) *corner*

Edinburg *Edinburgh*

eher *earlier*

eigen *own, of (my, your, etc.) own*

eigenartig *strange, peculiar*

eigentlich *actually, really*

die Eigentumswohnung (-en) *owner-occupied flat*

eineinhalb *one and a half*

einfach *easy, simple*

das Einfamilienhaus (-es; ˉer) *one-family house*

der Einkauf (-s; ˉe) *purchase*; Einkäufe machen *to go shopping*

einkaufen (ich habe eingekauft) *to buy, go shopping*

einladen (er lädt ein, ich habe eingeladen) *to invite*

eingerichtet *furnished*; wir haben uns . . . eingerichtet *we've furnished our flat*

einige *some*

einmal *once*; einmal im Monat *once a month*

der Einwohner (-s; -) *inhabitant*

einzeln *individual, single, each*; die einzelnen Zimmer *each room*

die Eisenbahn (-en) *railway*

der Elektroherd (-s; -e) *electric cooker*

die Elektroindustrie (-n) *electrical industry*

die Eltern (pl.) *parents*

das Ende (-s; -n) *end*; letzten Endes *after all*; geht die Woche zu Ende *the week finishes*

die Endzeit (-en) *finishing time*

entdecken (ich habe entdeckt) *to discover*

entwickeln (ich habe entwickelt) *to develop*

das Erdgeschoß (-es; -sse) *ground floor*

die Erdnuß (ˉsse) *peanut*

die Erfahrung (-en) *experience*

Erleben: viel zum Erleben *a lot to do and see*

erscheinen (ich bin erschienen) *to appear, be published*

erstmal *first of all*

die Eßecke (-n) *eating area, dining area*

essen (er ißt, ich habe gegessen) *to eat*

der Eßtisch (-es; -e) *(dining) table*

die Etage (-n) *floor, storey*

etwa *about, approximately, roughly*

etwas *something, a little, somewhat*; etwas weiter *further still*

Europa *Europe*

evangelisch *protestant*

die EWG (Europäische Wirtschaftsgemeinschaft) *EEC, Common Market*

F

die Fabrik (-en) *works, plant, factory*

das Fachwerkhaus (-es; ˉer) *half-timbered house*

fahren (er fährt, ich bin gefahren) *to go, travel, drive*

die Familie (-n) *family*

das Familienbild (-s; er) *family photo*

der Familienstand (-s or es) *marital status*

die Farbe (-n) *colour, print*

der Fahrgast (-s; ˉe) *passenger*

der Fahrstuhl (-s; ˉe) *lift*

fangen (er fängt, ich habe gefangen) *to catch*

der Fall (-s; ˉe) *case*; auf jeden Fall *in any case, anyway*; auf alle Fälle *certainly*

fängt *see fangen*

farbenprächtig *colourful*

fast *almost, nearly*

fein *refined, special, extraordinary*

das Fenster (-s; -) *window*

der	Fernseher (-s; -)	*television set*
der	Fernsehturm (-s; ⁻e)	*television tower*
	filmen (ich habe gefilmt)	*to shoot films*
	finden (ich habe gefunden)	*to find, think*
der	Fischteich (-s; -e)	*fish pond*
	flach	*flat*
die	Flasche (-n)	*bottle*
	fleischfressend	*carnivorous*
	fliegen (ich bin geflogen)	*to fly*
der	Flughafen (-s; ⁻)	*airport*
der	Flugleiter (-s; -)	*air traffic controller*
der	Flugplatz (-es; ⁻e)	*airport*
das	Flugzeug (-s; -e)	*aeroplane*; mit dem
	Flugzeug	*by air*
der	Flur (-s; -e)	*hall, hallway*
der	Fluß (Flusses; Flüsse)	*river*
Die	Frankfurter Rundschau	*Frankfurt Review*
das	Französisch (N.P.)	*French (language)*
die	Frau (-en)	*woman, wife, Mrs.*
die	Frauenseite (-n)	*woman's page*
die	Frauenzeitschrift (-en)	*woman's magazine*
das	Fräulein (-s; -)	*girl, Miss*
die	Freiheit (-en)	*freedom, liberty*
die	Freizeit	*leisure, spare time*
die	Freizeitkleidung (N.P.)	*casual clothes*
die	Fremdsprache (-n)	*foreign language*
	freuen: freuen Sie sich?	*are you happy?*
der	Freund (-s; -e)	*friend*; Freunde von
	mir	*friends of mine*
	freundlich	*friendly, kind*
	fromm	*pious, devout*
	früh	*early*; früher *earlier, previously,*
	before that; früher habe ich . . .
	gesammelt	*I used to collect . . .*
das	Frühstück (-s; -e)	*breakfast*
	frühstücken (ich habe gefrühstückt)	*to*
	have breakfast
	für	*for*
der	Fuß (-es; ⁻e)	*foot*; zu Fuß *on foot*
der	Fußboden (-s; ⁻)	*floor*

G

	ganz	*all, the whole of, quite, entire(ly)*
	ganzjährig	*the whole year through*
	gar: gar nicht	*not at all*
der	Garten (-s; ⁻)	*garden*
der	Gast (-s; ⁻e)	*guest*
die	Gaststätte (-n)	*inn, pub, tavern*
	gebaut: es ist 1926 gebaut	*it was built in*
	1926
	geben (er gibt, ich habe gegeben)	*to give*;
	es gibt	*there is, there are*
das	Gebiet (-s; -e)	*area, territory*
die	Gebirgslandschaft (-en)	*mountain scenery*
	geboren: ich bin geboren	*I was born*
die	Geburtsstadt (⁻e)	*city, town where you*
	were born

	gedacht *see* denken	
der	Gedanke (-ns; -n)	*thought, idea, notion*
	gefährlich	*dangerous*
	gefallen (er gefällt, ich habe gefallen)	*to*
	please; das gefällt mir	*I like that*
	gegen: gegen 2 Uhr	*at about 2 o'clock*
	gegessen *see* essen	
	gehen (ich bin gegangen)	*to go*
	gehören (ich habe gehört)	*to belong*;
	gehört einfach zum Urlaub	*is a holiday*
	'must'
	gekleidet: ist modern gekleidet	*wears the*
	latest fashions
das	Geld (-es)	*money*
die	Gelegenheit (-en)	*opportunity, chance*
	genau	*exactly*
	genug	*enough*
	genügend	*enough, sufficient*
	geometrisch	*geometrical*
das	Geräusch (-es; -e)	*noise*
das	Gerät (-s; -e)	*instrument*
das	Gericht (-s; -e)	*dish*
	gern, gerne	*of course, gladly*; leben Sie
	gerne dort?	*do you like living there?*
das	Geschäft (-s; -e)	*shop, store*
der	Geschäftsmann (-s; -leute)	*businessman*
	geschieden	*divorced*
das	Geschirr (-s; -e)	*crockery, dishes*
die	Geschmackssache (-n)	*question of taste*
die	Geschwister (pl.)	*brothers and sisters*
die	Gesellschaft (-en)	*society*
das	Gesicht (-s; -er)	*face*
	gesonnt: ich habe mich gesonnt	*I lay in the*
	sun
	gesprochen *see* sprechen	
	gesund	*healthy, fit, in shape*
	getan *see* tun	
das	Getränk (-s; -e)	*drink, beverage*
	getrunken *see* trinken	
	gewesen *see* sein	
	gewiß	*certain, of course, certainly*
	gibt *see* geben	
die	Gitarre (-n)	*guitar*
	glauben (ich habe geglaubt)	*to believe,*
	think
die	Glatze (-n)	*bald spot, bald head*
	gleich	*equally, (the) same*
	gleitende: die gleitende Arbeitszeit	
	flexible working hours
das	Gleitzeitjournal (-s; -e)	*day-by-day record*
	of employees' working hours
die	Glosse (-n)	*commentary*
das	Glück (-s; N.P.)	*good fortune, happiness*;
	ich habe Glück gehabt	*I was lucky*
der	Goldton (-s; ⁻e)	*shade of gold*
das	Gorillababy (-s; -ies)	*baby gorilla*
	graugrün	*grey-green*

die	Grenze (-n)	*border, frontier*
	Griechenland	*Greece*
das	Griechisch (N.P.)	*Greek*
	groß	*big, tall, great;* groß einkaufen *to make a big shopping expedition*
die	Größe (-n)	*height, size*
der	Großhandel (-s; N.P.)	*wholesale trade*
das	Großhandelsunternehmen (-s; -)	*wholesale trading firm*
die	Großstadt (-̈e)	*city*
das	Großstadtleben (-s; N.P.)	*city life*
	größte	*biggest*
der	Großvater (-s; -̈)	*grandfather*
das	Grundstück (-s; -e)	*piece of land, plot*
	grün	*green*
der	Grund (-s; -̈e)	*reason;* aus diesem Grunde *for this reason*
die	Gruppe (-n)	*group*
	gut	*good;* gut gelaunt *in a good temper*
	gutgelaunt	*good-humoured*

H

das	Haar (-s; -e)	*hair*
	haben (er hat, ich habe gehabt)	*to have;* hatte, hatten *had*
der	Hafen (-s; -̈)	*harbour, port*
die	Hafenrundfahrt (-en)	*trip round the harbour*
die	Hafenstadt (-̈e)	*port*
	halb	*half;* auf halbem Wege zwischen *half-way between*
	halbstündlich	*every half hour*
die	Hälfte (-n)	*half*
das	Hallenschwimmbad (-s; -̈er)	*indoor swimming pool*
	haltmachen (ich habe haltgemacht)	*to stop (on a tour)*
	halten (er hält, ich habe gehalten)	*to think (von of), keep, stop*
das	Handelshaus (-es; -̈er)	*trading house*
	hängen	*to hang*
die	Hängepflanze (-n)	*hanging plant*
	hassen (ich habe gehaßt)	*to hate, detest, dislike*
	hatten	*see* haben
	häufig	*frequently, often*
	hauptsächlich	*mainly*
das	Haus (-es; -̈er)	*house*
der	Haushalt (-s; -e)	*housework, housekeeping*
die	Hausfrau (-en)	*housewife*
der	Hausrat (-s; N.P.)	*household goods;* mit allem Hausrat *with all their belongings*
die	Heide (-n)	*heath, moor*
	heiraten (ich habe geheiratet)	*to get married*

	heiß	*hot*
	heißen	*to be called, to mean*
	helfen (er hilft, ich habe geholfen)	*to help*
	hell	*light, bright*
	hellblau	*light blue*
das	Hemd (-s; -en)	*shirt*
	herausfahren (er fährt heraus, ich bin herausgefahren)	*to drive out, go out*
	herum: um Köln herum	*around Cologne*
	heute	*today;* heute vormittag/morgen *this morning;* heute nachmittag *this afternoon*
	heutig	*of today, today's*
	hindurchstecken (ich habe hindurchgesteckt)	*to put through*
	hin: hin und wieder	*now and again*
	hineinkommen (ich bin hineingekommen)	*to go into, enter*
	hinfahren (er fährt hin, ich bin hingefahren)	*to go (there)*
das	Hobby (-s; Hobbys)	*hobby*
die	Hochzeit (-en)	*wedding*
	hoffen (ich habe gehofft)	*to hope;* das hoffe ich doch *I hope so*
das	Holz (-es; -̈er)	*timber, wood*
die	Hose (-n)	*pair of trousers*
	hügelig	*hilly, undulating*
das	Hügelgebiet (-s; -e)	*hilly area*
das	Huhn (-s; -̈er)	*chicken, hen*
	humorvoll	*with a sense of humour*

I

die	Illustrierte (-n)	*(illustrated) magazine*
	immer	*always;* immer noch *still*
die	Immobilien (pl.)	*property*
die	Industrie (-n)	*industry*
die	Industriestadt (-̈e)	*industrial town*
	infolgedessen	*therefore, consequently, as a result*
	innerhalb: innerhalb von 20 Minuten	*within 20 minutes*
die	Insel (-n)	*island*
	insgesamt	*altogether*
	interessant	*interesting*
	interessieren: ich interessiere mich für . . .	*I'm interested in . . .*
	ißt	*see* essen
das	Italienisch (N.P.)	*Italian (language)*

J

das	Jahr (-s; -e)	*year*
das	Jahrhundert (-s; -e)	*century*
	japanisch	*Japanese*
	jedem: in jedem Ort Deutschlands	*anywhere in Germany*

jederzeit *at any time*
jedesmal *every time*
jetzt *now, at the moment, at present*

K

das Kabel (-s; -) *cable*
die Kabine (-n) *cabin, berth*
der Kaktus (-; Kakteen) *cactus*
das Kalbfleisch (-es; N.P.) *veal*
die Karte (-n) *card*
kaufen (ich habe gekauft) *to buy*
kaum *hardly, scarcely*
kein *no, not, any*; keiner *nobody*
der Keller (-s; -) *cellar*
der Kellner (-s; -) *waiter*
kennenlernen (ich habe kennengelernt) *to meet, get to know*
das Kind (-s; -er) *child*
der Kiosk (-s; -e) *stand, kiosk*
die Kirche (-en) *church*
der Kirsch *Schnaps made from cherries*
der Kleiderschrank (-s; ⁻e) *wardrobe*
die Kleidung (N.P.) *clothes, clothing*
klein *small, little*
die Kleineisenindustrie (-n) *manufacture of small iron objects such as needles, screws*
die Kleinigkeit (-en) *detail, something small*; Kleinigkeiten *odds and ends*
die Kleinstadt (⁻e) *small town*
das Klima (-s; -s) *climate*
knapp *bare*; eine knappe Stunde *just on an hour*
das Kochbuch (-s; ⁻er) *cookery book*
kochen (ich habe gekocht) *to cook*
das Kochrezept (-s; -e) *recipe*
der Kochtopf (-s; ⁻e) *saucepan*
der Koffer (-s; -) *suitcase*; zwei Koffer voll *two suitcases full*
der Kollege (-n; -n) *colleague (m.)*
die Kollegin (-nen) *colleague (f.)*
Köln *Cologne*
der Komfort (-s; N.P.) *comfort, luxury*; ohne jeden Komfort *with only the barest necessities*
kommen (ich bin gekommen) *to come*; wie kommt das? *why is that?*
konnte: ich konnte *I could, was able to*
kontrollieren (ich habe kontrolliert) *to check*
konzentriert *concentrated*
die Kosmetik (N.P.) *make-up*
die Krabbe (-n) *prawn, shrimp, crab*
die Krawatte (-n) *tie*
Kreta *Crete*
die Kreuzfahrt (-en) *cruise*
das Kreuzworträtsel (-s; -) *crossword puzzle*

die Kritik (-en) *criticism*; kulturelle Kritiken *reviews of books, art shows, etc.*
der Kronleuchter (-s; -) *chandelier*
die Küche (-n) *kitchen*
kulturell *cultural*
der Kunde (-n; -n) *client*
die Kunstausstellung (-en) *art exhibition*
kurz *short*
die Kurzinformation (-en) *short news item*; (pl.) *news summary*

L

die Lampe (-n) *lamp*
das Land (-s; ⁻er) *country*
die Landeshauptstadt (⁻e) *capital of a 'Bundesland'*
Landesinnere: ins Landesinnere *into the interior of the country*
die Landschaft (-en) *countryside, scenery, landscape*
lang *long*
langsam *slow*
laut *loud, noisy*
der Lautsprecher (-s; -) *loudspeaker*
leben (ich habe gelebt) *to live*
lebendig *alive, living*
die Lebensmittel (pl.) *food*
das Leder (-s; -) *leather*
ledig *single, unmarried*
die Lehrerin (-nen) *teacher (f.)*
leicht *easy*
die Leichtindustrie (-n) *light industry*
leiden: den kann ich nicht leiden *I can't stand him*
leidenschaftlich *passionate*; ich bin leidenschaftlicher Photograph *I love taking photographs*
leider *unfortunately*
der Leitartikel (-s; -) *editorial, leader*
der Leiter (-s; -) *head, manager*
lernen (ich habe gelernt) *to learn*
lesen (er liest, ich habe gelesen) *to read*
der Leserbrief (-s; -e) *letter to the editor, reader's letter*
die Leserzuschrift (-en) *letter to the editor, reader's letter*
letzte *last*; letztes Mal/das letzte Mal *last time*; letzten Endes *after all*; in letzter Zeit *recently*
die Leute (pl.) *people*
lieb *dear*
die Liebe (N.P.) *love*; Liebe macht blind *love is blind*
lieben (ich habe geliebt) *to like, be fond of*
liebsten: am liebsten gehe ich *most of all I like going to*; er trägt am liebsten *his*

favourite clothes are
liegen (ich habe gelegen) *to lie, be situated, be docked*
liest *see* lesen
die Limonade (-n) *lemonade*
linkisch *clumsy, awkward*
der *or das* Liter (-s; -) *litre*
die Literatur (-en) *literature*
der Lokalteil (-s; -e) *local section (of a newspaper)*
der Lokomotivenbau (-s; N.P.) *construction of railway locomotives*
lösen (ich habe gelöst) *to solve*
der Löwe (-n; -n) *lion*
das Lunchpaket (-s; -e) *packed lunch*
lustig *hilarious, funny, jolly, merry*

M

machen (ich habe gemacht) *to make, do*
das Mädchen (-s; -) *girl*
das Magazin (-s; -e) *magazine*
das Mahagoni (-s; N.P.) *mahogany*
mal *sometimes (also a filler word)*
malen (ich habe gemalt) *to paint*
man *you, one*
manchmal *sometimes*
die Maus (¨e) *mouse*
das Meer (-s; -e) *sea, ocean*
die Meeresluft (¨e) *sea air*
mehr *more*
das Mehrfamilienhaus (-es; ¨er) *house accommodating several families*
meinen (ich habe gemeint) *to think, mean*
die Meinung (-en) *opinion, view;* meiner Meinung nach *in my opinion*
meist *most, mostly;* die meisten Leute *most people*
meistens *mostly, usually*
die Menge (-n) *crowd;* eine Menge *a lot of*
der Mensch (-en; -en) *human being;* die Menschen (pl.) *people, persons*
der Menschentyp (-s; -en) *(type of) person, character*
das Meßgerät (-s; -e) *measuring instrument*
mieten (ich habe gemietet) *to rent*
die Mietwohnung (-en) *rented flat*
die Million (-en) *million*
die Millionenstadt (¨e) *city with a million or more inhabitants*
mindestens *at least*
die Mischung (-en) *mixture (*aus *of)*
mit *with;* mit der *with her*
die Mitarbeiterin (-nen) *employee (f.)*
das Mittagessen (-s; -) *lunch;* beim Mittagessen *during lunch*

die Mitte (-n) *centre, middle*
mittelalterlich *medieval*
das Mittelgebirge (-s; -) *upland region;* das Deutsche Mittelgebirge *mountainous area south of N. German plain*
mittelgroß *medium-sized*
das Mittelmeer (-s; N.P.) *Mediterranean Sea*
mitten: mitten in *right in the middle of*
die Möbel (pl.) *furniture*
möbliert *furnished*
möchten: wo möchten Sie wohnen? *where would you like to live?*
die Mode (-n) *fashion*
die Modezeitschrift (-en) *fashion magazine*
modisch *fashionable*
mögen: das mögen die Kellner nicht sehr *the waiters don't like that very much*
möglich *possible;* möglichst *as far as possible*
der Monat (-s; -e) *month*
die Monatsmiete (-n) *monthly rent*
morgen: heute morgen *this morning*
morgens *in the morning*
München *Munich*
das Museum (-s; Museen) *museum*
die Musik *music*
der Musikfreund (-s; -e) *music fan*
die Mutter (¨) *mother*

N

nach *to, after*
nachher *afterwards*
nachmittags *in the afternoon*
die Nachrichten (pl.) *news*
nächste *next*
der Nachteil (-s; -e) *disadvantage*
nahe *near;* nahe der Alster *near the Alster*
Nähe: in der Nähe von *near;* ganz in der Nähe von München *very close to Munich*
nähen (ich habe genäht) *to sew*
der Nähfanatiker (-s; -) *sewing fanatic*
die Nähmaschine (-n) *sewing machine*
das Nähzimmer (-s; -) *sewing room*
nämlich *you see; namely*
nebenan *next door*
nennen (ich habe genannt) *to call;* man nennt Hamburg *Hamburg is called*
nervös *nervous*
nett *nice*
das Netz (-es; -e) *net*
nie *never*
niedlich *sweet, dainty*
niedrig *low*
niemals *never*
noch *also, yet, still*

die   Nordsee *North Sea*
normalerweise *usually*
nur *only, just*
Nußbaum: aus Nußbaum *made of walnut*

O

oben *up on top*
oft *often*
die   Operette (-n) *operetta*
die   Opernaufführung (-en) *opera performance*
die   Orchidee (-n) *orchid*
der   Ort (-s; -e) *place*
örtlich *local*
der   Osten (-s; N.P.) *east*
die   Ostsee *Baltic Sea*

P

paar: ein paar Tassen Kaffee *a few cups of coffee*
die   Papierindustrie (-n) *paper-manufacturing industry*
die   Partnerstadt (¨e) *twin town*
passend *matching*
die   Pause (-n) *break, stop*
der   Pensionär (-s; -e) *old age pensioner*
pensioniert *retired*
der   Perserteppich (-s; -e) *Persian carpet*
die   Pflanze (-n) *plant*
der   Photograph (-en; -en) *photographer*
photographieren (ich habe photographiert) *to take photos*
der   Pinguin (-s; -e) *penguin*
der   Plan (-s; ¨e) *plan*
der   Plastikbeutel (-s; -) *plastic bag*
der   Platz (-es; ¨e) *room, place, space*
plötzlich *suddenly*
politisch *political*
die   Post (N.P.) *post, mail*
praktisch *practical*
die   Praline (-n) *filled chocolate*
die   Presse (N.P.) *press*
pünktlich *punctual, on time*
putzen (ich habe geputzt) *to clean*

Q

der   Quadratmeter (-s; N.P.) *square metre*
quer *across*

R

der   Radarraum (-s; ¨e) *radar area*
die   Radler (-) *drink like a shandy*
die   Raffinerie (-n) *refinery*
der   Rand (-s; ¨er) *edge*

die   Rasenfläche (-n) *lawn*
das   Rätsel (-s; -) *riddle, puzzle*
der   Raum (-s; ¨e) *room, area*
recht *rather, fairly*
rechtzeitig *in time*
regelmäßig *regularly, consistently*
regional *regional*
reich *rich, large*
reichen: wird das Geld wohl nicht reichen *there probably won't be enough money*
reichlich *in abundance*; er ißt reichlich *he has big meals*
rein *pure*
der   Reis (-es; N.P.) *rice*; es gibt Reis dazu *it is served with rice*
reiten (ich bin geritten) *to ride*
die   Reitschule (-n) *riding school*
relativ *relatively*
die   Rente (-n) *old age pension*
reservieren (ich habe reserviert) *to book, reserve*
das   Rezept (-s; -e) *recipe*
richtig *correct*; ich habe keine richtigen Hobbys *I don't have any real hobbies*
die   Richtung (-en) *direction, tendency*
riesengroß *enormous, giant*
der   Roman (-s; -e) *novel*
rot *red*
rudern *to row, go rowing*
die   Ruhe (N.P.) *peace, calm*; er frühstückt in Ruhe *he has a leisurely breakfast*
ruhig *quiet, calm*
rund *round*

S

die   Sache (-n) *thing*; die Sachen (pl.) *clothes*
sagen (ich habe gesagt) *to say*
die   Sahne (N.P.) *cream*
sammeln (ich habe gesammelt) *to collect*
das   Schach (-s; N.P.) *chess*
die   Schachtel (-n) *box*
die   Schallplattensammlung (-en) *record collection*
schauen (ich habe geschaut) *to look*
schenken (ich habe geschenkt) *to give (as a present)*
das   Schiff (-s; -e) *ship*; auf dem Schiff *on board*
der   Schiffbau (-s; N.P.) *shipbuilding industry*
der   Schirm (-s; -e) *lampshade*
schlafen (er schläft, ich habe geschlafen) *to sleep*
das   Schlafzimmer (-s; -) *bedroom*
schlank *slim*
schlecht *bad*

das	Schloß (Schlosses; Schlösser) *castle*	
die	Schlucht (-en) *gorge*	
	schmal *thin, narrow*	
	schmuggeln (ich habe geschmuggelt) *to smuggle*	
der	Schnee (-s; N.P.) *snow*	
	schön *beautiful, nice, lovely*	
	schon *already (often a filler word)*	
	schreiben (ich habe geschrieben) *to write*	
	schreien (ich habe geschrien) *to shout*	
die	Schule (-n) *school*	
die	Schüssel (-n) *bowl, dish, plate*	
	schwarz *black*	
der	Schwarzwald *Black Forest*	
	schwer *hard, difficult*	
die	Schwester (-n) *sister*	
	schwierig *difficult, hard*	
	schwimmen (ich bin geschwommen) *to swim*	
das	Schwimmbad (-s; ̈-er) *swimming pool*	
das	Segelboot (-s; -e) *yacht*	
	segeln (ich habe gesegelt) *to go sailing*	
der	Segler (-s; -) *yachtsman*	
	sehen (er sieht, ich habe gesehen) *to see*; sehe ich auf die Straße *I look into the street*; man sieht *as you can see*	
	sehr *very, very much*	
	sein (er ist, ich bin gewesen) *to be*	
	sein *his, its*	
	seit *for, since*	
die	Seite (-n) *side, page*	
die	Seitenstraße (-n) *side-street*	
	selber *my-, your-, himself etc.*; in Frankfurt selber *in Frankfurt proper*	
	selbst *myself, yourself, etc.*	
	selbstverständlich *of course, certainly*	
der	Sessel (-s; -) *armchair*	
	sicher *certainly*	
	sieht *see* sehen	
	sitzen (ich habe gesessen) *to sit*	
die	Sitzecke (-n) *sitting area*	
das	Sitzkissen (-s; -) *cushion seats*	
	Ski laufen (er läuft Ski, ich bin Ski gelaufen) *to go skiing*	
	so *so, like this, in this way*; so . . . wie *as . . . as*	
der	Sommer (-s; -) *summer*	
die	Sommersprossen (pl.) *freckles*	
	sondern *but*	
	sonnig *sunny*	
	sonst *otherwise*	
die	Sozialwohnung (-en) *council flat*	
die	Spalte (-n) *column*	
das	Spanisch (N.P.) *Spanish (language)*	
der	Spannteppich (-s; -e) *fitted carpet*	
der	Spaß (-es; ̈-e) *fun, joke*; es macht viel Spaß *it's a lot of fun*; es hat mir keinen

Spaß mehr gemacht *I didn't find it fun any more*

spät *late*

spazierengehen (ich bin spazierengegangen) *to go for a walk*

der	Spaziergang (-s; ̈-e) *go for a walk*
das	Spezialterminal (-s; -s) *special cargo berth*
der	Spediteur (-s; -e) *shipping agent*
der	Sperrmüll (-s; N.P.) *unwanted objects above dustbin size, e.g. furniture, collected by the city authorities*
der	Spiegel (-s; -) *mirror (also name of weekly news-magazine)*
das	Spiegelei (-s; -er) *fried egg*
	spielen (ich habe gespielt) *to play*
der	Spielpartner (-s; -) *partner*
die	Spitze (-n) *top, summit*
das	Sportereignis (-ses; -se) *sporting event*
	sprechen (er spricht, ich habe gesprochen) *to speak, talk*
die	Stadt (̈-e) *town, city*
der	Stadtstaat (-s; -en) *city with the status of a "Bundesland"*
	Stadtteilen: in einigen Stadtteilen *in some parts of the city*
der	Stahl (-s; -e) *steel*
	stark *strong*
	stehen (ich habe gestanden) *to stand, be*; wir haben dort 6 Sessel stehen *we have 6 armchairs in there*
die	Stehlampe (-n) *standard lamp*
	steigen (ich bin gestiegen) *to climb, go up*
	stenographieren (ich habe stenographiert) *to take shorthand*
die	Stereoanlage (-n) *stereo equipment*
der	Stern (-s; -e) *star (also name of weekly magazine)*
das	Stock (-s; ̈-e) *floor, storey;* im zweiten Stock *on the second floor*
das	Stockwerk (-s; -e) *floor, storey*
	stolz (auf) *proud (of)*
	stören (ich habe gestört) *to disturb*
der	Strand (-s; ̈-e) *beach*
das	Streiflicht (-s; -er) *spot-light (also name of a column in the Süddeutsche Zeitung)*
der	Streik (-s; -s) *strike*
das	Stricken (-s; N.P.) *knitting*
das	Stück (-s; -e) *bit, piece*
	studieren (ich habe studiert) *to study*
der	Stuhl (-s; ̈-e) *chair*
die	Stunde (-n) *hour*
	stundenlang *for hours*
	stündlich *hourly, every hour (on the hour)*
der	Südbalkon (-s; -s or -e) *south-facing balcony*
Die	Süddeutsche Zeitung *'South German Newspaper'*
die	Süßwarenindustrie (-n) *confectionery industry*

T

der Tag (-s; -e) *day*

die Tagesschau (-en) *Review of the Day (name of German TV news programme)*

die Tageszeitung (-en) *daily newspaper*
   täglich *daily, every day*

das Tal (-s; ⁻er) *valley*
   tanzen (ich habe getanzt) *to dance*

die Tanzveranstaltung (-en) *dance, ball*

die Tapete (-n) *wallpaper*
   tapeziert: weiß tapeziert *with white wallpaper*

das Taschengeld (-s; N.P.) *pocket money*

die Tasse (-n) *cup*

der Taunus *Taunus (mountains in Hessen)*

der Teil (-s; -e) *part, piece*; sie hat einen Münchener Teil *it has a section with local news from Munich*
   teilen: werden Sie sich die Arbeit teilen? *will you share the work?*
   temperamentvoll *lively, vivacious*

der Tennisverein (-s; -e) *tennis club*

der Teppich (-s; -e) *carpet*

der Terminkalender (-s; -) *diary*
   teuer *expensive, dear*

die Textilindustrie (N.P.) *textile industry*
   tippen (ich habe getippt) *to type*

der Tisch (-es; -e) *table*

das Tischchen (-s; -) *small table*

die Titelseite (-n) *front page*

der Titisee *lake in the Black Forest*
   toll *great, super*

das Tor (-s; -e) *gate, gateway*
   tragen (er trägt, ich habe getragen) *to carry, wear, bear*
   traurig *sad*
   treffen (er trifft, ich habe getroffen) *to meet*
   trinken (ich habe getrunken) *to drink*

das Trinkgeld (-s; -er) *tip*
   trotzdem *anyway*
   tschechisch *Czech*

das Tuch (-s; ⁻er) *scarf, shawl*
   tun (er tut, ich habe getan) *to do*; ich habe sie in einen Plastikbeutel getan *I put them in a plastic bag*

die Türkei *Turkey*

das Türkisch (N.P.) *Turkish (language)*
   turnen (ich habe geturnt) *to do gymnastics*
   typisch *typical*

U

die U-Bahn (-en) (Untergrundbahn) *underground railway*
   über *above, over, across, about, via*
   überall *everywhere*

die Überfahrt (-en) *crossing*
   überhaupt: überhaupt keinen *none at all*
   überregional *national (of newspapers)*
   übrigens *by the way*
   um *round, around;* um 7 *at 7 o'clock;* um sie zu lesen *to read it*

die Umgebung (-en) *surrounding countryside*
   unbedingt *absolutely*
   unbequem *uncomfortable*

der Unfall (-s; ⁻e) *accident*
   ungefähr *approximately, about*

die Unterflurheizung (-en) *central heating (from the cellar)*
   untergebracht: wie waren Sie untergebracht? *what was your accommodation like?*
   unterhalb *lower down*

die Unterhaltung (N.P.) *entertainment*; zu Ihrer Unterhaltung *for pleasure*
   unternehmen (er unternimmt, ich habe unternommen) *to undertake, make, do*
   unterwegs *on the way, en route, travelling*
   unzufrieden *discontented, dissatisfied*
   unzuverlässig *unreliable*

der Urlaub (-s; -e) *holidays*; in Urlaub *on holiday*

V

   verbringen (ich habe verbracht) *to spend (time)*
   verdienen (ich habe verdient) *to earn (money)*
   vergessen (er vergißt, ich habe vergessen) *to forget*
   verheiratet *married*
   verkaufen (ich habe verkauft) *to sell*

die Verkehrszentrale (-n) *tourist office*
   verlassen (er verläßt, ich habe verlassen) *to leave*
   verläuft: die Grenze verläuft *the border runs*
   verlobt *engaged*
   verschieden *different, various*
   versuchen (ich habe versucht) *to try*

die Verwaltungsstadt (⁻e) *centre of administration*

der Verwandte (-n; -n) *relative, relation*
   verwitwet *widowed, a widow(er)*
   viel *much, many*
   vielfältig *varied*
   vielleicht *perhaps, maybe*

die Vierzimmerwohnung (-en) *four-roomed flat*

der Vogel (-s; ⁻) *bird*
   voll *full*; voll Weintrauben *full of grapes*
   von *of, from, by*; von hier aus *from here*

vor *before, in front of*; vor allem *above all*; vor allen Dingen *especially*; vor einiger Zeit *some time ago*

das Voralpenland (-s; N.P.) *foothills of the Alps*

vorhaben (er hat vor, ich habe vorgehabt) *to intend*

der Vorhang (-s; ̈-e) *curtain*

vorher *before, previously, in advance*

vorletzten: am vorletzten Wochenende *the weekend before last*

vorig *previous*; im vorigen Jahr, voriges Jahr *last year*

die Vorschau (-en) *preview*; Hamburger Vorschau *fortnightly programme of events in Hamburg*

Vorsicht! *Beware!*

der Vorteil (-s; -e) *advantage*; Vorteile bringen/haben *to be advantageous*

W

die Wache (-n) *guard, sentry*

während *during*; während dieser Tage *during your stay*

wählen (ich habe gewählt) *to choose, select*

wahrscheinlich *probably*

das Wahrzeichen (-s; -) *symbol, landmark*

der Wald (-s; ̈-er) *wood(s), forest*

waldreich *heavily forested*

walisisch *Welsh*

die Wand (̈-e) *wall*

wann? *when?*

warum? *why?*

was? *what?*; was . . . für? *what kind of . . .?*

was *anything, something (short for etwas)*; was Schönes *something beautiful, nice*; was anderes *a change*

das Wasser (-s; -) *water*

wegfahren (er fährt weg, ich bin weggefahren) *to go away, go on holiday*

die Wegkreuzung (-en) *crossroads, intersection*

wegwerfen (er wirft weg, ich habe weggeworfen) *to throw away*

weil *because*

der Wein (-s; -e) *wine*

der Weinbau (-s; N.P.) *wine-growing, viticulture*

das Weinfest (-s; -e) *wine festival*

die Weintraube (-n) *grape*

weiß: das weiß ich nicht *I don't know*

weiß *white*

weiter; und so weiter (*abbreviated* usw.) *and so on (etc.)*

welchem: aus welchem Teil? *from what part?*

wem: mit wem? *with whom?*

wenig *little*; weniger *fewer, less*

wenn *when, if, whenever*

werden (er wird, ich bin geworden) *to become*; ich werde schwimmen *I'll go swimming*

das Werk (-s; -e) *works*; die Ford-Werke Ford *factory*

werktäglich *on working days, during the week*

Westafrika *West Africa*

Westdeutschland *West Germany*

wichtig *important*

wie? *how?*

wie *like*

wieder: hin und wieder *now and again*

wiederekennen (ich habe wiedererkannt) *to recognise*

wiedersehen (er sieht wieder, ich habe wiedergesehen) *to meet, see again*

wiegen (ich habe gewogen) *to weigh*

wieviel? *how much?*; wieviele? *how many?*

willkommen in Hamburg! *welcome to Hamburg!*

wirklich *really, absolutely*

die Wirtschaft (N.P.) *economy*

wirtschaftlich *economic*

die Wissenschaft (-en) *science*

die Woche (-n) *week*

das Wochenende (-s; -n) *weekend*

die Wochenzeitung (-en) *weekly newspaper*

woher? *where from?*

wohl *probably*

wohnen (ich habe gewohnt) *to live*

die Wohnfläche (-n) *surface area (of flat etc.)*

die Wohnung (-en) *flat*

der Wohnwagen (-s; -) *caravan*

das Wohnzimmer (-s; -) *sitting-room, living room*

die Wolle (-n) *wool*

wollte: ich wollte *I wanted*

wunderschön *very lovely, wonderful*

würde: ich würde sagen *I would say*

wünschen: was für eine Hochzeit wünschen Sie sich? *what kind of wedding would you like to have?*

Z

zahlen (ich habe gezahlt) *to pay*

die Zeit (-en) *time (also name of a weekly newspaper)*

die Zeitschrift (-en) *magazine*

die Zeitung (-en) *newspaper*

der   Zeitungsjunge (-n; -n)   *newspaper boy*
       zentral   *central*; liegt zentral   *is right in the middle*
die   Zentrale (-n)   *headquarters, central office*
das   Zentralwerk (-s; -e)   *main factory*
       ziemlich   *rather, quite, fairly*
       zierlich   *dainty, graceful, neat*
das   Zimmer (-s; -)   *room*
       zirka   *about*
der   Zoll (-s; N.P.)   *customs*
       zollbegünstigt   *with low duty*
       zollfrei   *duty-free*
der   Zoo (-s; -s)   *zoo*
       zu   *to, too*
       zuerst   *at first; first of all*
der   Zug (-s; ⁻e)   *train*
die   Zukunft (N.P.)   *future*
       zurechtkommen (ich bin zurechtgekommen)   *to get along*
       zurückfahren (er fährt zurück, ich bin zurückgefahren)   *to return, go back*
       zurückkommen (ich bin zurückgekommen)   *to return, come back*
       zusammen   *together, altogether, joint(ly)*
       zuverlässig   *reliable*
die   Zuverlässigkeit (N.P.)   *reliability, dependability*
       zwar   *in fact*; und zwar dann, wenn   *especially when*
       zweimal   *twice*; zweimal im Monat   *twice a month*
       zwischen   *between*

Achievement Test
Spring 1982

If at the end of the 1981–2 *Wegweiser* course, you would like to measure the progress you have made, you can in Spring 1982 take a voluntary Achievement Test, devised and Processed by the University of Cambridge Local Examinations Syndicate. The test will be based entirely on *Wegweiser* and a special certificate awarded. An entrance fee will be charged.

If you are studying in a class, you can obtain an entry form from your college or institute. If you are studying at home, you should apply through your nearest test centre. For entry forms and further information please write to: The University of Cambridge Local Examinations Syndicate, 17 Harvey Road, Cambridge, CB1 2EU, enclosing a stamped addressed envelope. A list of test centres will be available from the Syndicate in December 1981.

The Government of the Federal Republic of Germany is offering bursaries to the most deserving candidates in the test. The winners will be available to visit Germany, all expenses paid, and put their newly acquired language to the test!